REGLAS DE ORTHOGRAPHÍA
EN
LA LENGUA CASTELLANA

Antonius
Nebrissen

PUBLICACIONES DEL INSTITUTO CARO Y CUERVO
XL

ANTONIO DE NEBRIJA

REGLAS DE ORTHOGRAPHÍA
EN
LA LENGUA CASTELLANA

ESTUDIO Y EDICIÓN
DE
ANTONIO QUILIS

BOGOTÁ
1977

ES PROPIEDAD

IMPRENTA PATRIÓTICA DEL INSTITUTO CARO Y CUERVO, YERBABUENA.

LIMINAR

Más de medio siglo ha transcurrido desde la última edición de las *Reglas de Orthographía* de Antonio de Nebrija [1], libro que, al igual que su *Gramática castellana,* tuvo escasas reimpresiones a lo largo de los siglos.

Evidentemente, la *Orthographía* es una de las obras menores del polígrafo sevillano, cuya importancia no se puede comparar con la de la *Gramática;* pero ambas, complementándose en ciertos aspectos, constituyen el primer cuerpo de doctrina gramatical de una lengua vulgar del Occidente.

La edición que ahora presentamos pretende enmarcar la obra en el conjunto de las ideas gramaticales nebrisenses y en el contexto de los conocimientos lingüísticos de su época.

Nuestro trabajo consta de tres partes: un estudio introductorio, la transcripción de las *Reglas de Orthographía* y la edición facsimilar.

En el estudio, hemos considerado tres aspectos que creemos están presentes en esta obra de Nebrija: el primero, que exponemos en la Introducción, pone de relieve el fin que persigue su autor con la publicación de este libro, cuyas ideas principales ya habían sido impresas con más

---

[1] Véase, más adelante, el § 4.1.

amplitud en la *Gramática castellana;* al mismo tiempo, recogemos también en este lugar su concepto de norma lingüística, que en algunos puntos constituye una herencia del mundo latino. El segundo aspecto incluye todo lo referente al nivel fónico; en él estudiamos tanto los criterios de Nebrija sobre lo que deben ser los elementos fónicos y lo que representan frente al grafema y a la palabra, como lo atingente a la producción y clasificación de los sonidos y al sistema fonológico del castellano de su época. En cada uno de estos puntos mostramos, además, los precedentes latinos que están en el fondo de toda su teoría. El tercer aspecto recoge las ideas de Nebrija sobre la organización de un sistema ortográfico del castellano.

La segunda parte, está constituída por nuestra edición, cuyos criterios exponemos al principio de ella. Sólo queremos mencionar que señalamos en nota de pie de página las referencias análogas a las del texto contenidas en la *Gramática castellana,* o los puntos tratados por su inmediato predecesor, D. Enrique de Villena.

Y, finalmente, en la tercera parte, damos la reproducción facsimilar, a su tamaño, de la edición princeps, existente en la Biblioteca Nacional de Madrid.

Este libro fue terminado hace años. Diversas vicisitudes editoriales fueron retrasando su publicación hasta hoy, cuando ve la luz en tierras americanas, gracias a la cordial acogida del Instituto Caro y Cuervo, de Bogotá. Aprovechando mi estancia en la mencionada Institución, en cuya «Cátedra Antonio de Nebrija», patrocinada por la Oficina de Educación Iberoamericana, me encuentro desempeñando mi función docente e investigadora, decidió su Director, el Dr. Rivas Sacconi, publicar esta modesta contribución a la memoria de mi universal compatriota Elio Antonio.

La difusión de las obras de Nebrija en América es notoria, principalmente de las *Institutiones in Latinam grammaticam* (Salamanca, 1481). La fama del filólogo sevillano, como dice Rivas Sacconi, "se extendió por América casi a partir del descubrimiento: Nebrija, con sus Artes y Diccionarios, fue el autor español más difundido en las Indias. En todas las colonias se siguieron las doctrinas del maestro español" [2]. Su influencia se realizó directamente, a través de sus obras, o, indirectamente, por medio de compendios, en los que se adecuaba la doctrina nebrisense a las peculiares situaciones didácticas de cada centro de enseñanza [3].

Las obras de Nebrija se imprimían principalmente en España y desde allí se traían a América [4] donde también se editaron algunas de ellas, principalmente las *Institutiones* [5].

El libro de las *Reglas de Orthographía en la lengua castellana* no se imprimió nunca, que sepamos, en la Nueva Romania. Por eso constituye para mí un motivo de

---

[2] *El latín en Colombia*, pág. 143.

[3] Véase RIVAS SACCONI, *op. cit.*, pág. 142. Estos compendios se conocían con el nombre de *Arte de Nebrija*.

[4] Bermúdez de Plata publicó una Real Cédula de 1554 por la que se autorizaba a los descendientes de Nebrija a vender las obras de su predecesor en "nuestras yndias yslas y tierra firme del mar oceano". Le fija el precio de ocho maravedís el pliego para la venta "en el nuevo rreyno de granada" (*Las obras de Nebrija en América*, págs. 1031-1032).

[5] En Bogotá se conocen dos reimpresiones de las *Institutiones,* fechadas en 1818 y 1859, según RIVAS SACCONI, *op. cit.*, págs. 153-154. .

especial emoción el publicar esta primera edición americana cuatrocientos sesenta años después de que viera la luz el primer ejemplar complutense.

Deseo expresar mi agradecimiento a los Investigadores del Instituto Caro y Cuervo, D. Humberto Grimaldo y D. Jesús García, por la ayuda que me prestaron en la corrección de las pruebas, a D. José Eduardo Jiménez por la diligencia y cuidado que puso en el aspecto editorial de la obra, y muy especialmente a mi querido amigo, el Dr. D. José Manuel Rivas Sacconi, insigne estudioso del humanismo hispánico, sin cuya ayuda hubiese sido imposible llevar a feliz término este trabajo.

A. QUILIS.

Yerbabuena, abril de 1977.

PRÓLOGO

La última edición de las Reglas de Orthographía *fue la que realizó en 1926, junto con la* Gramática castellana *y la* Muestra de la Istoria de las Antigüedades de España, *González Llubera, siendo ésta la segunda realizada en nuestro siglo, y la quinta desde su primera aparición en 1517.*

La obra de Nebrija que editamos es un compendio, un resumen práctico, sistemático y preciso de la parte ortográfica de la Gramática. *De ahí que en nuestra edición hagamos constantes referencias a ella. Las razones que, a nuestro juicio, le llevaron a redactarlas pueden verse en el § 1.1.[1]. Hay que tener en cuenta, además, que cuando Nebrija redacta las* Reglas de Orthographía, *había publicado ya* De vi ac potestate litterarum *(Salamanca, 1503), que a su vez es una reelaboración ampliada de la* Repetitio secunda, *de 1486. De este modo, su interés, así como su experiencia en la materia, volcada sobre diversas lenguas[2], estaba más que atestiguada.*

Se ha dicho en repetidas ocasiones que cuando Nebrija publica sus obras sobre el castellano planta el primer árbol no sólo de nuestra lingüística, sino de toda la lin-

---

[1] Nuestras referencias a la *Gramática castellana* se hacen sobre la edición de 1946, de Pascual Galindo y Luis Ortiz. En lo sucesivo, en las notas de pie de página, las siglas *RO* corresponderán a las *Reglas de Orthographía*, y *GC* a la mencionada edición de la *Gramática castellana*.

[2] No olvidemos sus *Introductiones in Latinam grammaticam*, Salamanca, 1481, en cuya edición de Alcalá de 1523 se insertaron sus *De litteris graecis* y *De litteris hebraicis*.

*güística occidental. Plantaba la primera piedra recién ta-
llada en una vasta paramera marmóreamente cimentada
con las letras áulicas. Hubo sus pequeños precedentes, es
cierto: los trovadores provenzales explicaban su arte poética, y con ella, pinceladas ortográficas y gramaticales;
sobre 1492, se publican las* Regole della lingua fiorentina,
notas sobre el habla de Florencia; en 1409, el Donait Fran-
çois, *de Jean Barton, publicado en Inglaterra; en España,
tiene un solo precedente: el* Arte de trovar, *de Enrique
de Villena, 1433, del que bien poco nos ha quedado, pero
cuyas descripciones son preciosas para la época. Estos, y
otros, rudimentarios esbozos con notas ortográficas o gramaticales, muy subjetivas la mayoría de las veces. Por eso,
la obra sobre la lengua vulgar castellana del nebrisense
surge como un sólido cimiento en el mundo occidental,
avalada por su concepción científica y sistemática: no son
notas sueltas; es la descripción completa —hasta donde
permitía la época— de una lengua. Y esta descripción
es creada, literalmente, de la nada, por Nebrija: tenía, es
cierto, un acervo de conocimientos gramaticales teóricos
procedente de los tratados latinos, sobre lenguas clásicas,
pero el material lingüístico con que se enfrentaba era distinto y nuevo. Por ello, todo es producto de su observación, de su buen criterio y de su estudio. Sólo alguna rara
vez apoya su teoría en fuentes literarias castellanas. Y
admira, además, el desenfado y la seguridad en su buen
escribir.*

*Sus hallazgos fueron muchos, y ya han sido señala-
dos[3]; pero no hay que olvidar que todos ellos, indicados*

---

[3] Julio Casares dice: "El fue el primero que, al sentar reglas aplicables
a una lengua vulgar, presentó la sintaxis como cosa distinta de las otras materias gramaticales; el primero que estableció la división en las cuatro partes,
tal como todavía se practica; el primero que descubrió la personalidad y la
función del artículo definido; el primero que acertó a distinguirlo de los
pronombres de igual forma; el primero que llamó la atención acerca del ar-

así, como hitos aislados, surgieron por haber formulado una obra total y sistemática de su lengua.

A. Q.

Madrid, Nochevieja de 1973.

---

tículo indeterminado; el primero que advirtió la naturaleza compuesta del futuro y del condicional; el primero, en fin, que ofreció al mundo un sistema ortográfico, completo y racional, que desde el primer día influyó poderosamente en todas las gramáticas romances del Renacimiento". (*Nebrija y la Gramática castellana,* págs. 344-345).

La *Ortografía de la Lengua castellana* de la Academia de la Lengua de 1754 dice: "El primero que lo intentó fue *Antonio de Nebrixa,* á cuyo fin compuso un Tratado de Ortografía Castellana. Sus principales reglas y principios se reducen á que assí como las palabras, ó las voces corresponden á los conceptos, assí también las figuras de las letras deben corresponder á las voces, de calidad que no haya letra que no tenga su distinto sonido, ni sonido que no tenga su diferente letra: nota assímismo este Autor la imperfección, que según estas reglas padecía, y padece nuestro Abecedario, por haber unas mismas letras con diferentes oficios, y unas pronunciaciones representadas por distintos caracteres; de modo que faltaban unas letras, y sobraban otras: por lo que conforme a su sistema propuso el remedio, aplicando a cada una de las veinte y seis pronunciaciones de nuestra Lengua distinta figura, ó carácter" (págs. xi-xii).

ESTUDIO

I

INTRODUCCIÓN

1.1. Finalidad de la obra.

Las *Reglas de Orthographía* de Nebrija están integradas en la trayectoria doctrinal que él fija para la lengua española. En general, los fines que persigue su obra gramatical ya han sido señalados por varios estudiosos [1], y son también aplicables a la *Ortografía*. Nebrija pretende en ella:

a) Demostrar la posibilidad de reducir a reglas su lengua vulgar y dotarla de un arte similar al que poseían las lenguas áulicas. Fue, según Kukenheim [2], Flavio Biondo el primero en subrayar la posibilidad de reducir a reglas las lenguas vulgares. Aunque sus teorías fueron acogidas con entusiasmo en Italia, no se llevaron a la práctica en aquel país hasta algunas décadas después con la obra de Trissino. El primero que concreta el proyecto es Nebrija con su *Gramática Castellana*, y después con sus *Reglas de Orthographía*. Estas últimas son, realmente, un resumen normativo para "reduzir en artificio" su lengua,

---

[1] H. Meier, *Spanische Sprachbetrachtung und Geschichtschreibung am Ende des 15. Jahrhunderts,* en *Romanische Forschungen,* 1935, págs. 1-20; Werner Bahner, *La lingüística española del Siglo de Oro,* Madrid, 1966; Eugenio Asensio, *La lengua compañera del Imperio. Historia de una idea de Nebrija en España y Portugal,* en RFE, XLIII, 1960, págs. 399-413.

[2] *Contributions à l'histoire de la grammaire italienne, espagnole et française à l'époque de la Renaissance,* págs. 88 y sigs.

es decir, para establecer la ortografía castellana. Es un verdadero deseo de dar unas reglas tan claras y precisas como sea posible. Por eso, al comienzo del libro, y antes de entrar en otras disquisiciones establece siete *definiciones* y siete *principios*. El contenido de aquellas se encuentra también expresado en la *Gramática*: las cinco primeras constituyen la segunda mitad del capítulo IV de la *Gramática;* la sexta responde al capítulo primero del Libro II, y la séptima al capítulo octavo del Libro I de la misma *Gramática*. Igualmente, el contenido de los principios aparece en el *Arte,* aunque diluido en él. La obra ortográfica parece, pues, una condensación de lo expuesto en la gramatical y en alguna otra, dedicada a las lenguas clásicas.

b) Fijar el uso del castellano, estabilizar la lengua vulgar de España, darle normas para atajar posteriores cambios y mudanzas y poder comprender en los tiempos venideros lo que hoy escribimos: la "razon de letras que agora teníamos en el vso del castellano, por la mayor parte estaba corrompida ...". "El día de oi ninguno puramente escriue nuestra lengua ..." y los príncipes de nuestro siglo debían poner remedio a ello[3]. El inuentor de las letras "tanta figura de letras hizo; por las quales, puestas en cierta orden, representó todas las palabras que quiso, assí para su memoria, como para hablar con los absentes y los que están por venir ... Mas, assí como es la cosa más prouechosa de quantas los ombres hallaron, assí es la más fácile de se corromper, y en que el día de oy más se yerra, no solamente en las lenguas peregrinas, mas en esta nuestra castellana, en la qual, por la mayor parte, escriuimos vna cosa y pronunciamos otra, contra el uso de aquello para que fueron halladas. Y por esta

---

[3] *RO,* fol. 1 r.

causa pensé de poner algún remedio: assí para emendar lo que está escripto, como para lo que de aquí adelante se ouiere de escriuir" [4].

c) El fin práctico y didáctico, que está presente por doquier en todos sus escritos.

Sus miras políticas no se reflejan en esta obra, pero hay que pensar que están latentes porque son un común denominador en los asuntos que atañen a nuestra lengua.

Queda una cuestión en pie, difícil de resolver: evidentemente, como se puede deducir del cotejo de nuestra edición, las *Reglas de Orthographía* son un resumen de la doctrina ortográfica contenida en la *Gramática;* poco más hay de nuevo en aquéllas. Entonces, ¿por qué publica veinticinco años después de la *Gramática* estas *Reglas de Orthographía*? La *Gramática* no conoce otra edición en vida de su autor [5]. "La razón de tan inexplicable olvido — según sus más modernos editores — acaso haya podido ser, de una parte, la tormenta de críticas que el ensayo del nebrisense despierta, y de otra, la serie de gramáticas semejantes, e incluso inspiradas en la de Elio Antonio, que van viendo sucesivamente la luz en el transcurso de los siglos XVI y XVII" [6].

Para Julio Casares, la razón se centra en la pugna entre la latinidad y el romance. Éste es utilizado por magníficos escritores, poetas y prosistas, que continuamente lo perfeccionan y lo van dando a conocer en los rincones más apartados de aquél aún reducido mundo. Pero el latín sigue siendo la lengua de la ciencia: "Los teólogos, los juristas, los cosmógrafos, los historiadores, los médicos,

---

[4] *RO,* fol. 2 r.

[5] La segunda edición aparece en el siglo XVIII, debida al Conde de Saceda. Probablemente se realizara, según Galindo y Ortiz, entre los años 1744 y 1747 (ed. de la *Gramática castellana,* págs. XXI y XXII).

[6] Ed. crítica de Galindo y Ortiz, pág. XXI.

los filósofos, los doctos, en una palabra, no se atreven a ser infieles al latín. Lo estudian cada día con mayor ahínco porque esta lengua, tan ennoblecida por los antiguos y tan trabajada por los sabios que produjo el Renacimiento en toda Europa, se ha convertido en el instrumento ecuménico para las ciencias y las artes y es, por eso mismo, la única que trae y lleva la fama por encima de las fronteras. Quien no pueda escribir en buen latín habrá de conformarse con la modesta gloria que le ofrezca su patria chica, sin aspirar al renombre universal. Así, hasta ya entrado el siglo xvII, circula por el mundo intelectual cierto reproche desdeñoso hacia quienes se rebajan a tratar de graves materias en esa lengua vulgar que, por otra parte, se alaba cada día con mayor encarecimiento" [7].

Existe aún otra consideración que conviene mencionar: según Gröber, " En la formación de la lengua literaria de España, tal como la vemos manejada en las obras de Hernando de Herrera, Jorge de Montemayor, Cervantes, Lope de Vega y Calderón, entre otros, sólo ha tenido parte el saber y el buen gusto del escritor, y no, como en Italia y en Francia, la gramática" [8].

Quizá se puedan añadir otras razones, además de las aludidas [9], que moviesen a nuestro humanista a editar la Ortografía: como han demostrado excelentes críticos [10], Nebrija fue en su tiempo, y después de su tiempo, una autoridad en filología clásica, y como tal lo consideraron sus contemporáneos. Es posible que éstos, ocupados exce-

---

[7] Julio Casares, *Nebrija y la Gramática castellana*, pág. 358.

[8] G.Gröber, *Geschichte der Romanische Philologie*, pág. 32. Citado por Casares, *loc. cit.*

[9] Nebrija muere en Alcalá el 3 de julio de 1522. Y las gramáticas y ortografías españolas que aparecen después de las suyas ven la luz después de su muerte.

[10] Véanse los trabajos, citados en la bibliografía, de Drerup, Errandonea, Meier, y Gil y López Rueda.

sivamente en los problemas y en la enseñanza de las lenguas áulicas, mostrasen poco interés por su lengua vernácula, y aún menos por la obra gramatical castellana de Nebrija, al que mirarían, bajo este prisma, como un excéntrico, cosa que suele ocurrir frecuentemente con el que rompe con toda una línea de tradición, porque, como él mismo dijo, "en aquello que es como lei consentida de todos, es cosa dura hazer novedad". Lo cierto es que ningún humanista de su generación escribe nada sobre nuestra lengua. Es la generación posterior la que hace suyo el problema planteado por Nebrija, unos, atacándole, otros siguiendo fielmente su doctrina. Nuestro gramático sentiría pasar el tiempo viendo que no se ponía remedio alguno y doliéndose con el fracaso de su intento. Hombre ávido de lectura, percibiría en los libros, que cada vez con más frecuencia se comenzaban a imprimir, en los manuscritos de sus alumnos y de sus colegas, el caos ortográfico que imperaba. La ortografía, bien a su pesar, seguía estando suelta; y la ortografía era lo que podía reflejar más espectacularmente en la época, un estado de anarquía lingüística, mucho más fácil de aprehender en este nivel, que en el morfosintáctico, por ejemplo. Creemos que esta es la causa que lo mueve a intentar por segunda vez la fijación de nuestra lengua; e intuyendo que la ortografía es un fuerte vínculo de koiné lingüística, insiste en su unificación, para lo que pide, como veremos, la ayuda de la autoridad real.

Lo que es evidente, es el influjo posterior de Nebrija en todo el mundo, no sólo por su teoría gramatical, sino también por sus criterios ortográficos. No hay que olvidar que él fue el primero en ofrecer un sistema ortográfico de una lengua vulgar, completo y, por ende, sistemático. Su proyección en el mundo ha sido claramente señalada por Kukenheim: "La influencia del ortógrafo español salta a los ojos, tanto por el empleo que hace Trissino de

la ç cuanto por la introducción de este signo en Francia.
Ya hemos tenido ocasión de comprobar que los gramáticos españoles, en particular Nebrija, han sugerido me-
joras a los teóricos italianos y franceses, cuando se trataba
de hacer una diferencia entre *u* vocal y *u* consonante por
una parte, e *i* vocal e *i* consonante por otra; después, hemos confrontado las teorías españolas y las teorías fran-
cesas sobre el empleo de la *y* griega y hemos notado en
ellas una fuerte analogía; en fin, en los párrafos de *n* y
de *l* palatales y de ç, nuestras sospechas han llegado a ser
cada vez más verosímiles: la influencia del ortógrafo español es muy sensible en los reformadores" [11]. Y Ángel
Rosenblat dijo de nuestro gramático: "El sistema de Nebrija hubiera puesto la ortografía castellana sobre funda-
mentos rigurosamente científicos. Le faltó el apoyo ofi-
cial y, por el contrario, contó con opositores de notable
prestigio e influencia. Los impresores fueron reacios, hasta
en la edición de sus mismas obras. Él mismo fue inconse-
cuente y no aplicó casi nunca sus propias normas. A pesar
de la severidad de su fonetismo, se deja llevar en el uso
por el etimologismo, y abundan en los textos de este gran
humanista las grafías latinizantes. Pero sus ideas son de
tipo moderno, y algunas de ellas (la diferenciación de
u-v, i-j, etc.) se extienden poco a poco por España y el
extranjero (al menos por Francia) y tardarán varios siglos en imponerse. Y con él se inicia en lengua castellana
el reformismo ortográfico, que va a llenar, con tono siempre polémico, todo el movimiento gramatical español, y
que a través de Andrés Bello llegará a nuestros días" [12].

---

[11] *Contributions à l'histoire de la grammaire italienne* ..., pág. 51.

[12] ANGEL ROSENBLAT, *Las ideas ortográficas de Bello,* pág. xxx. En la
nota 44 de la misma página, leemos: "La distinción entre *u-v, i-j* la intro-
duce Trissino en italiano (*Sofonisba,* 1524). En Francia la adopta Geoffroy
Tory en 1529 (aunque no de modo enteramente consecuente, pues usa *j* y *v*

1. 2. Plan de la obra.

Se pueden establecer cuatro partes o cuatro focos de atención en las *Reglas de Orthographía*.

La primera parte, constituida por el prólogo, presenta dos vertientes: en una, justifica la necesidad perentoria de una reforma ortográfica, porque en aquel momento no existe una correlación satisfactoria entre lo que se escribe y lo que se pronuncia; en la otra, proclama que los Príncipes tienen que poner remedio a esta anarquía, y a ellos, por lo tanto, les corresponde imponer la reforma.

La segunda parte es el decálogo que debe regir la nueva ortografía: la invención de las letras es lo más útil que el hombre haya podido hacer en su existencia; pero con el transcurso del tiempo todo se corrompe, y ha llegado la hora de poner remedio al desajuste existente. Para ello, establece siete — número mágico — definiciones y siete principios. En las definiciones, se caracterizan los elementos básicos de la ortografía: a) la letra y sus clases: vocales y consonantes, y en éstas, mudas y semivocales; b) las combinaciones de letras: sílaba y diptongo. En los principios, se dan las normas prácticas para la formalización de la ortografía: a) si los conceptos del entendimiento responden a las cosas que entendemos, y si las voces y palabras responden a los conceptos, así las figuras de las letras han de responder a las voces; b) tenemos que escribir como hablamos, y hablar como escribimos; c) el sistema fonológico debe establecer el ortográfico (Principio tercero); d) como consecuencia, cada letra debe responder a un fonema (Principio cuarto); e) establecido un fonema, éste debe funcionar en cualquier contorno

---

siempre en posición inicial), luego Meigret (1542, 1550), Ronsard, La Ramée, etc. Esa distinción preocupó a todos los ortógrafos españoles, franceses e italianos del XVI".

(Principio quinto); f) nunca dos consonantes iguales pueden formar parte de la misma sílaba (Principio séptimo); g) como cada lengua tiene su propio sistema fónico y gráfico, y nosotros recibimos la ortografía del latín, veamos qué letras nos sobran y cuáles nos faltan.

La tercera parte de la obra comprende los seis primeros capítulos, más el noveno. En el capítulo primero, examina la situación de la ortografía en la época, y muestra los desajustes que existen. En el segundo, da el "remedio" y propone un sistema ortográfico completamente racional. En los capítulos tercero a sexto discute con detalle algunos grafemas: b, u consonante o vocal, h, r, s. El capítulo noveno está dedicado a la combinación de las letras, lo que hoy llamaríamos fonotáctica.

La cuarta parte, formada por los capítulos séptimo y octavo, está dedicada a examinar ciertas irregularidades en la lengua; unas veces a causa de la fonosintaxis, de la conservación de arcaísmos o de alternancias entre una misma forma, evolucionada o no (capítulo séptimo); otras, porque falta la proporción, es decir, aparecen formaciones que se desvían de la estructura normal de la lengua.

1.3. NORMA LINGÜÍSTICA.

La lengua castellana ha alcanzado en los tiempos de Nebrija el desarrollo, madurez y dignidad propios de aquel "annus mirabilis" de 1492, en el que comienza un nuevo Imperio, y en todo es comparable con las lenguas de Grecia y Roma. Pero es éste también un momento decisivo de su crecimiento en el que conviene encauzarla por un camino seguro y unívoco. ¿Procedimiento? Fijarla por medio de unas reglas que emanen de la misma naturaleza de esta lengua y convengan a ella. A esta tarea se compromete Nebrija, con todo el bagaje de sus conocimientos lingüísticos y con todas las ideas, palpitantes aún, surgidas en las conversaciones de los círculos humanísticos italianos. Mas, poco se adelanta con esta labor de estudio e investigación, si los usuarios hacen caso omiso de estos cánones: se hace necesario, por ello, una autoridad que obligue a su cumplimiento. Se plantean, entonces, dos cuestiones: una, de índole teórica y otra, de índole práctica.

Desde el punto de vista teórico, las leyes que van a fijar la lengua deben responder al uso que de ella se hace: el axioma tantas veces repetido de escribir como pronunciamos y pronunciar como escribimos. Pero hay casos, en los que el legislador no se puede guiar por el uso, porque el uso no es correcto, y entonces debe seguir la opinión y el ejemplo de una autoridad que no es otra que la de los doctos y sabios. En el capítulo VIII de las *Reglas de Orthographía*, al hablar de la conjugación de los verbos irregulares, nos dice: "No hai cosa que tanto nos guíe en la conjugación de los verbos, como la proporción y semejança de vnos a otros, y esto no solamente en el griego y latín, mas avn en el castellano; pero ésta muchas vezes nos engaña, porque el vso de los sabios siempre vence, y por esto dize Quintiliano que la proporción no tiene fuerça en la razón, sino en el exemplo". Así, si de *amar, yo amé,* de *alabar, yo alabé* y de *burlar, yo burlé,* "alguno, siguiendo la proporción [regularidad], formasse de *andar, yo andé* y de *estó, estar, yo esté,* contra el común vso de los doctos que tiene de *ando, yo anduve* y de *estar, yo estuve*". Y más adelante, reitera: "teniendo el vso de los que saben ...". Pero el hablante común, el no sabio, también fija un uso, aun en estos casos en los que la "proporción" tiene sus excepciones: "Siguiendo esso mesmo la proporción, como de *lees* dezímos *leo* y de *corres, corro,* y de *cabes, cabo,* aviamos de dezir *sabo* de *sabes,* y con el vso dezimos *se*". Y más abajo: "Si quisiesses, siguiendo la proporción, dezir de *tengo, tener, teneré* ... vernía contra el vso que tiene por *teneré, terné,* ...". Es decir, que la norma que debe aplicarse deriva por una parte de los mismos hablantes, y, por otra, de los módulos que utilizan los hombres cultos y los conocedores de la lengua.

Esta idea se encuentra ya plasmada en algunos gramáticos latinos cuando hablan de la "latinidad". Por ejemplo, en los *Excerpta,* leemos: "Latinitas quid est? Observatio incorrupte loquendi secundum Romanam linguam. Quot modis constat latinitas? Tribus. Quibus? Ratione, auctoritate, consuetudine. Ratione quatenus? Secundum artium traditores. Quid auctoritate? Veterum scilicet lectionum. Quid consuetudine? Eorum quae e medio loquendi usu placita adsumptaque sunt" [13].

Desde el punto de vista práctico, Nebrija pide en la *Gramática* que se pongan en vigor determinadas normas para el uso del castellano. Esto se puede lograr por medio de dos procedimientos: bien por imposición de la autoridad real, bien porque los usuarios doctos las aprueben democráticamente y las acepten: "I mientras que para ello no entreviene el autoridad de Vuestra Alteza o el comun consentimiento delos que tienen poder para hazer uso" [14]. "I que, hasta que entrevenga el autoridad de Vuestra Alteza o el consentimiento de aquellos que pueden hazer uso" [15]. Pero en las *Reglas de Orthographía,* años después, pide exclusivamente el total apoyo de la Corona, con una mezcla de halago y de tristeza por darse cuenta, seguramente, de la poca influencia y del poco éxito que tuvo su *Gramática*: "E agora nuestros príncipes, teniendo tan apa-

---

[13] Pág. 322. Los mismos principios pueden encontrarse en Diomedes (pág. 439).

[14] *G. C.,* pág. 25.

[15] *G. C.,* pág. 34.

rejada la materia para ganar honrra, ... dissimúlanlo, y passan por ello no curando de proueer a tanta necessidad, ni a tan poca costa y trabajo conseguir tan glorioso renombre entre los presentes y los que están por venir. Esto quise, señor, entre tanto, testificar a vuestra limpieza y generoso ánimo porque por auentura en algún tiempo me será buen intercessor para poner en obra este mi cuidado. El qual, a mi peligro, ya auría puesto so la censura del pueblo, sino que temo que para juzgar della se hará lo que suele contando los votos y no ponderándolos, como vemos que se hizo en el comienço del pontificado de Nicolao quinto: que poniéndose en dubda si la *c* de aquel nombre auía de ser aspirada o sotil, metida la cosa a partido de votos entre copistas y escriptores de la vna parte, y los varones doctos de aquel tiempo de la otra, venció la ignorancia porque tuuo más votos"[16].

---

[16] *R. O.*, fol. 1 v.

II

ASPECTO FÓNICO

La gramática ("arte de letras") comprende en su parte "doctrinal" "cuatro consideraciones": "La primera los griegos llamaron orthographia [1], que nos otros podemos nombrar en lengua romana ciencia de bien y derecha mente escrivir; a esta esso mesmo pertenece conocer el numero i fuerça delas letras i por que figuras se an de representar las palabras i partes dela oración. La segunda los griegos llaman prosodia; nos otros podemosla interpretar acento, o mas verdadera mente casi canto; esta es arte para alçar i abaxar cada una de las silabas delas diciones o partes dela oración; a esta se reduce esso mesmo el arte de contar, pesar i medir los pies delos versos i coplas" [2]. Las otras dos partes son la etimología y la sintaxis. Estas definiciones de la ortografía y de la prosodia vienen dadas en la *GC*; ninguna de ellas aparece en la ortografía [3].

---

[1] "Lo que en griego se llama ortografía llamemos nosotros ciencia de escribir bien" (QUINTILIANO, *Instituciones oratorias*, I, IV, Madrid, 1942, pág. 54.

[2] *GC*, págs. 12-13.

[3] La *Gramática de la lengua vulgar de España* seguirá a Nebrija en la definición de la Ortografía y en la división de la Gramática en las mismas cuatro partes (pág. 9).

2. 2. INTUICIÓN FONOLÓGICA.

Es obvio que en la época de Nebrija, ni aún mucho después, se poseía el concepto actual de fonema, pero sí hay en la mayoría de los gramáticos antiguos, una idea bastante clara de lo que son las unidades fónicas. Evidentemente, como dice Grammont, los primeros fonólogos fueron los que idearon el modo de pintar los sonidos de las palabras, es decir los que sustituyeron la escritura ideográfica por la escritura silábica primero y más tarde por la alfabética [4]. Nebrija ofrece la idea de la indivisibilidad y de la finitud de los elementos fónicos: "Que la letra es la menor parte de la boz que se puede escriuir ... si yo digo *señor,* esta boz se parte en dos síllabas que son: *se* y *ñor*; y el *se,* después, en *s* y *e*; y la *s* ya no se puede partir" [5]. "Que aunque las bozes humanas sean infinitas, porque los instrumentos y miembros donde se forman, en infinitas maneras se pueden variar, cada lengua tiene ciertas e determinadas bozes" [6], y otras tantas figuras de letras para representarlas; es decir, unas unidades discretas dentro de un continuum sonoro amorfo.

Además, hay que señalar también esa misma intención fonológica en la misma ortografía, al procurar que cada letra represente un sonido y lo refleje fielmente. Aquí está en nuestra lengua el origen de una larga tradición que dotó al castellano de un sistema gráfico eminentemente fonológico: "que la diversidad delas letras no esta enla diversidad dela figura, sino enla diversidad dela pronunciacion" [7].

---

[4] M. GRAMMONT, *Traité de Phonétique,* pág. 11.

[5] *RO,* fol 2 v., *Diffinición primera.*

[6] *RO,* fol. 4 r., *Principio quarto.*

[7] *GC,* pág. 21.

2.3. ADECUACIÓN GRAFEMA-ELEMENTO FÓNICO.

Íntimamente relacionado con lo que hemos señalado en el epígrafe anterior, se encuentra su formulación de escribir como se habla y hablar como se escribe: "Que assi tenemos descreuir como hablamos y hablar como escriuimos"[8]. "Que assí tenemos de escrivir como pronunciamos i pronunciar como escrivimos, porque en otra manera en vano fueron halladas las letras"[9].

Este principio ya lo había defendido en Roma el español Quintiliano: "Yo juzgo que se debe escribir cada palabra como suena, si no lo repugna la costumbre. Porque el oficio de las letras parece ser éste, conservar las voces, y restituir, digamos así, al que lee lo que se les encomendó; y así deben declarar lo que nosotros hemos de decir"[10], y sigue vigente este principio a partir de Nebrija en toda nuestra tradición gramatical. Así, Villalón dirá: "se deue mucho mirar para bien escriuir a la pronunçiaçión por no herrar"[11]. La *Gramática de la lengua vulgar de España*: "i escribamos conforme al tal uso de hablar: porque es mui gran falta la de aquellos cuia escritura no responde a su habla, siendo ella el retrato de nuestras palabras"[12].

Y del mismo modo, el gramático Jiménez Patón dirá: "Assí, el hablar y escriuir, aunque nos parezca que está corrompido y alterado de lo que fue en su principio, sea el que fuere, se a de tener por bueno, porque la costumbre y vso lo tienen por tal aprouado"[13].

---

[8] *RO*, fol. 3 v., *Principio segundo*.
[9] *GC*, págs. 21 y 34.
[10] *Instituciones oratorias*, págs. 54-55.
[11] *Gramática castellana*, pág. 83, 24.
[12] Pág. 30, 13-17.
[13] *Epítome, Instituciones* ..., fol. 33 r.

2.4.   LETRA, FONEMA, GRAFEMA, PALABRA.

Los gramáticos griegos distinguían entre γράμμα, que era la letra escrita, el grafema y στοιχεῖον, el sonido [14]. Ambos coincidían en ser indivisibles y articulados. En general, la tradición latina no realiza esta distinción y hace converger en el significante *letra* los significados de signo gráfico y signo fónico [15]. Veamos algunas definiciones de los gramáticos latinos. Prisciano: "littera est vox, quae scribi potest individua" [16]. Mario Victorino: "Littera est vox simplex una figura notabilis" [17]. Sergio: "Littera dicta est quasi legitera, eo quod quasi legentibus iter ad legendum ostendat vel quod scripta deleri possit. ideo dixit partem minimam esse litteram vocis articulatae, quod, cum omnis oratio solvatur in verba, verba denuo solvantur in syllabas, rursum syllabae solvantur in litteras, littera sola non habet quo solvatur. ideo a philosophis atomos dicitur" [18]. Probo: "Littera est elementum vocis articulatae" [19]. Donato: "Littera est pars minima vocis articulatae" [20], y lo mismo Diomedes [21].

El factor común de estas definiciones es que la letra es voz articulada indivisible que podemos escribir, confundiendo, como dijimos al principio, los niveles fónico y gráfico. Por ello, no es de extrañar que nuestra cultura occidental heredase esa misma confusión.

---

[14] Véase COLLART, *op. cit.*, pág. 77.

[15] VARRÓN, p. ej., según COLLART, *op. cit.*, pág. 77.

[16] Pág. 5.

[17] Pág. 5.

[18] Pág. 475.

[19] Pág. 47.

[20] Pág. 367.

[21] Pág. 421.

Para los gramáticos latinos, por otra parte, la letra tiene tres propiedades: *nomen, figura* y *potestas*: "nomen est quo appellatur, figura qua notatur, potestas qua valet" [22].

¿Qué significado tiene para Nebrija la lexía *letra*? ¿Fonema, grafema, ambas cosas? Estamos en parte de acuerdo con F. Tollis [23] en considerar algo oscura la nomenclatura empleada por nuestro gramático. Haciendo unas calas en la *Gramática castellana* y en las *Reglas de Orthographía* encontramos los siguientes conceptos:

1. "La causa de la invención delas letras primera mente fue para nuestra memoria, i, después, para que por ellas pudiéssemos hablar conlos ausentes y los que están por venir" [24].

2. "... el primer inventor de letras, ... miro cuantas eran todas las diversidades delas bozes en su lengua, i tantas figuras de letras hizo, por las cuales puestas en cierta orden represento las palabras que quiso. De manera que no es otra cosa la letra sino figura por la cual se representa la boz, ni la boz es otra cosa sino el aire que respiramos ... herido despues enel aspera arteria ... Assi las letras representan las bozes, i las bozes significan, como dice Aristoteles, los pensamientos que tenemos en el anima" [25]. "El primero inuentor de letras ... miro quantas differentias de bozes avia en su lengua, y tantas figuras de letras hizo, por las cuales, puestas en cierta orden, represento todas las palabras que quiso" [26].

---

[22] CHARISIO, pág. 7; y en el mismo sentido se expresan todos los demás gramáticos.

[23] F. TOLLIS, *L'ortographe d'après Villena et Nebrija*, pág. 91.

[24] *GC*, pág. 17.

[25] *GC*, pág. 17.

[26] *RO*, fol. 2 r.

3. En el capítulo III de la *Gramática* [27], habla de la *l* doblada que "es boz propria de nuestra nación, que ni judios, ni moros, ni griegos, ni latinos la pueden pronunciar, i menos tienen figura de letra para la poder escrivir" ... "esto que nos otros escrivimos con *x*, assi es pronunciacion propria de moros" ... "aquello que los judios escriven por la decima nona letra de su abc assi es boz propria de su lenguaje".

4. "Las figuras delas letras que la lengua castellana tomo prestadas del latin para representar veinte i seis pronunciaciones que tiene son aquestas veinte i tres" [28].

5. "... no conocen las letras por sus figuras y fuerças" [29]. "Por que no puede ser maior distancia entre dos letras que sonar por si, o sonar con otras; i assi como diximos que la *c k q* son una letra, porque tienen una fuerça, assi, por el contrario, dezimos agora que la *i u* son cuatro, pues que tienen cada dos fuerças; por que la diversidad delas letras no esta enla diversidad delas figuras, mas enla diversidad dela pronunciación" [30]. "Que la diuersidad de las letras no está en las figuras dellas, sino en la diuersidad de la pronunciación, porque aunque tú escriuas el *aleph* hebraico, el *alpha* griego, y el *alipha* morisco, y el *a* latino, todavía es una *a* ... y por el contrario, quando por vna figura se representan dos bozes o más, ya aquella no es vna letra, sino dos o tres, pues que le damos más officios del vno que auía de tener" [31].

6. "no es otra cosa la letra, sino traço o figura por la qual se representa la boz" [32].

---

[27] Págs. 17-18.
[28] *GC*, pág. 105.
[29] *GC*, pág. 29.
[30] *GC*, pág. 19.
[31] *RO, Principio tercero*, fol. 3 v.
[32] *RO*, fol. 2 r.

7. "Que la letra es la menor parte de la boz que se puede escriuir" [33]. "Si yo digo *señor,* esta boz se parte en dos síllabas, que son: *se* y *ñor;* el *se,* despues, en *s* y *e;* y la *s* ya no se puede partir" [34].

8. "assi como las bozes y palabras responden a los conceptos, assi las figuras de las letras han de responder a las bozes". "Ninguno que tenga seso común puede negar que las letras, y las bozes, y los conceptos, y las cosas dellos han de concordar" [35].

9. "Que aunque las bozes humanas sean infinitas, porque los instrumentos y miembros donde se forman, en infinitas maneras se pueden variar, cada lengua tiene ciertas y determinadas bozes; y por consiguiente, ha de tener otras tantas figuras de letras para las representar" [36].

En Nebrija, encontramos *letra* (y sus sinónimos *figura* de letra, *traço*) con el significado de grafema, y como elemento que sirve para representar la *boz.* Sólo en el texto del punto 5, atribuye a *letra* tanto la figura (representación gráfica) como la fuerça (la pronunciación), pero más que confusión de significados, creemos ver en ello un desliz de la tan divulgada inexactitud, que llega hasta nuestros días, de que las letras se pronuncian, pues en la mayoría de los textos está claro el sentido de que las letras son la representación escrita de los fonemas.

El término *boz* (y sus sinónimos *pronunciación, fuerça*) lo opone constantemente (con la salvedad hecha más arriba) a *letra* para referirse al sonido (o al fonema, como veremos más abajo).

---

[33] *RO,* fol. 2 r.
[34] *RO,* fol. 2 v.
[35] *RO, Principio primero,* fol. 3 v.
[36] *RO, Principio quarto,* fol. 4 r.

Hay otro punto que resulta algo oscuro, pero cuya interpretación es para nosotros distinta de la de F. Tollis: es el que se refiere a la equivalencia entre *boz* y *palabra*. Para el investigador francés, existe ambigüedad entre ambas: *boz* tanto significa "pronunciación" (= fonema) como "palabra"[37]. Sin embargo, para nosotros hay una diferencia que creemos importante destacar: el concepto "palabra" tiene para el gramático andaluz dos aspectos distintos: uno, el grafémico, la representación escrita, que él denomina *palabra*: "i tantas figuras de letras hizo, por las cuales puestas en cierta orden represento las palabras ... Assi las letras representan las bozes, i las bozes significan ... los pensamientos". "Delas letras se componen las silabas ...; de las silabas se compone la palabra"[38]. Otro aspecto, es el fónico, es la palabra dicha, no escrita, que es lo que también denomina *boz*: "Si yo digo *señor,* esta boz se parte en dos sílabas"; "las bozes significan los pensamientos". Esta dicotomía, como indica el mismo Nebrija, está expresada en Aristóteles cuando dice: Ἐστὶ μὲν οὖν τὰ ἐν τῇ φωνῇ τῶν ἐν τῇ ψυχῇ παθημὰτων σύμβολα, καὶ τὰ γραφόμενα τῶν ἐν τῇ φωνῇ. Es decir, que las palabras habladas son símbolos de impresiones del alma; las palabras escritas son los signos de las palabras habladas[39]. Abunda en esta concepción el texto del párrafo 8: "assi como las bozes e palabras responden a los conceptos, asi las figuras de las letras han de responder a las bozes", o el texto que sigue en el mismo párrafo.

Resumiendo, podríamos decir que en Nebrija:

letra = grafema (representa la "boz");

---

[37] F. Tollis, *op. cit.*, pág. 91.

[38] *GC*, pág. 106.

[39] Aristóteles, *The Organon*. I The Categories on Interpretation, London, 1949, pág. 114.

boz = a) sonido,
    b) palabra hablada;
palabra = palabra escrita.

2.5. PRODUCCIÓN DEL SONIDO.

En la tradición gramatical griega existían dos teorías diferentes sobre la producción del sonido:

a) Por un lado, la de Platón y Aristóteles, denominada también *teoría ondulatoria*[40]. Platón dice en su *Timeo*[41]: "El sonido es un choque transmitido a través de los oídos por intermedio del aire, del cerebro y de la sangre, hasta el alma"; para Aristóteles, es un soplo que transmite una percusión: "el choque contra la llamada arteria del aire exhalado por el espíritu"[42]. Es decir, que el aire fonador, al salir choca contra algún órgano de los que hoy llamamos de la fonación, y este aire, con unas determinadas características impresas, es el que se transmite hasta los oídos, y desde aquí al alma.

b) Por otro lado, está la *teoría de la emisión,* la que considera el sonido como una materia específica en sí misma; es decir, el mismo aire, con una forma determinada. Esta teoría tiene dos variantes: la primera es la de Demócrito (para él, el sonido es un flujo de átomos) y de Epicuro (la audición es una corriente transmitida desde el objeto sonoro y dividida en "sólidos que contienen la configuración del todo"). La segunda variante es la de los estoicos, para los que el sonido es una tensión de aire percutida por la lengua, que cobra una forma sen-

---

[40] Véase JEAN COLLART, *Varrón*, pág. 61.
[41] Citado por Collart, pág. 60.
[42] *De Anima*, II, 420^b. La *arteria* = la *tráquea*.

sible a la audición, es decir, es un nuevo cuerpo, una materia audible en sí misma. Son unas concepciones que se basan, pues, en la emisión y en la naturaleza misma del sonido.

Los gramáticos latinos siguen, en general, la teoría de la emisión de la voz establecida por los estoicos.

Así, encontramos entre ellos las siguientes definiciones de la voz: Donato: "Vox est aer ictus sensibilis auditu, quantum in ipso est" [43]. Probo: "Vox sive sonus est aer ictus, id est percussus, sensibilis auditu, quantum in ipso est, hoc est quam diu resonat" [44]. Mario Victorino: "Vox est aer ictus auditu percipibilis, quantum in ipso est" [45]. Prisciano: "Philosophi definiunt, vocem esse aerem tenuissimum ictum vel suum sensibile aurium, id est quod proprie auribus accidit. et est prior definitio a substantia sumpta, altera vero notione, quam Graeci ἔννοιαν dicunt, hoc est ab accidentibus accidit enim voci auditus, quantum in ipsa est" [46]. Diomedes: "Vox est, ut stoicis videtur, spiritus tenuis auditu sensibilis, quantum in ipso est. fit autem vel exilis aurae pulsu vel verberati aeris ictu" [47].

---

[43] Pág. 367.

[44] Pág. 47.

[45] Pág. 4.

[46] Pág. 5.

[47] Pág. 420. Según Varrón: "La voz es, según los estoicos, una corriente sutil, perceptible al oído, conforme a sus cualidades específicas. Es debida bien a la emisión de un soplo ligero, bien, si se quiere, a la percusión del aire golpeado" (véase COLLART, op. cit., pág. 57).

Los gramáticos de la India tienen una concepción más completa sobre el proceso de la emisión de la voz. El *Pāṇinīya-Śikṣā* dice: "El espíritu, aprehendiendo las cosas con el intelecto, inspira a la mente el deseo de hablar. La mente entonces excita el fuego corporal, el que, a su vez, impele el aliento. El aliento, que circula en los pulmones, es forzado hacia arriba y, chocando contra la cabeza, llega hasta los órganos del habla y origina los sonidos de la lengua". En un pasaje relevante del *Saṃgītaratnākara* podemos leer lo siguiente: "El espíritu, deseoso de expresión, instiga a la mente; la mente, entonces, excita el fuego corporal, el que a su vez, impele el aliento. Éste, enton-

Estas concepciones se entremezclan y confunden posteriormente, reteniendo nuestros gramáticos, fundamentalmente, la teoría de la emisión, olvidando la concepción atomista que estaba involucrada en ella.

Así, Enrique de Villena [48] nos dice que las voces articuladas se forman con el "pulmón con su continuo mouimiento sistolando e diastolando: reçibiendo ayre fresco hazia a sí, e lançando el escalentado fuera del cuerpo por muchas partes, espeçialmente por la trachearchedia, que es la canna del resollo et., percude si quier o fiere el ayre".

Para Nebrija [49] la "boz" es "el aire que respiramos, espessado en los pulmones i herido despues enel aspera arteria, que llaman gargavero, i de alli començado a determinarse por la campanilla, lengua, paladar, dientes i beços". En las *Reglas de Orthographia* no hay ninguna nota sobre la formación del sonido, desde un punto de vista general; sí las hay desde el punto de vista de cada grupo en particular [50].

Más explícito es en este punto su predecesor, Villena: el hombre utiliza seis instrumentos para formar sus "bozes articuladas, e literadas": pulmones, paladar, lengua, dientes ("que por compresión fazen zizilar, a atenuar el son, si quiere adelgazar"), los beços y la trachearchedia [51].

Pero todo sonido puede ser de dos clases: articulado e inarticulado; el primero es el propio de los sonidos del lenguaje; el segundo pertenece a la esfera de los animales y a la de los sonidos humanos no lingüísticos.

---

ces ... se mueve gradualmente hacia arriba y produce sonido en el ombligo, el corazón, la garganta, la cabeza y la boca ..." (citados por ALLEN, *Phonetics in Ancient India*, pág. 21).

[48] *Arte de trovar*, pág. 63.

[49] *Gramática*, pág. 17.

[50] Véanse las definiciones Segunda a Sexta.

[51] *Arte de trovar*, págs. 63-64.

El concepto de sonido articulado, se encuentra ya en Aristóteles, cuando al caracterizar el elemento (letra) en su *Poética,* da la siguiente definición: "elemento es una voz indivisible, pero no cualquiera, sino aquella de la que se forma naturalmente una voz convencional; pues también los animales producen voces indivisibles, a ninguna de las cuales llamo elemento" [52].

Los gramáticos latinos recogen la dicotomía sonido articulado - sonido inarticulado y la exponen del siguiente modo: Probo nos dice: "nunc omnis vox sive sonus aut articulata est aut confusa. articulata est, qua homines loquuntur et litteris comprehendi potest, ut puta 'scribe Cicero', 'Vergili lege' et cetera talia. confusa vero aut animalium aut inanimalium est, quae litteris comprehendi non potest. animalium est ut puta equorum hinnitus, rabies canum, rugitus ferarum, serpentum sibilus, avium cantus et cetera talia; inanimalium autem est ut puta cymbalorum tinnitus, flagellorum strepitus, undarum pulsus, ruinae casus, fistulae auditus et cetera talia. est et confusa vox sive sonus hominum, quae litteris comprehendi non potest, ut puta oris risus vel sibilatus, pectoris mugitus et cetera talia" [53]. Para Donato "Omnis vox aut articulata est aut confusa. articulata est quae litteris comprehendi potest, confusa quae scribi non potest" [54]. Diomedes: "omnis vox aut articulata est aut confusa. articulata est rationalis hominum loquellis explanata. eadem et litteralis vel scriptilis appellantur, quia litteris comprehendi potest. confusa est inrationalis vel inscriptilis, simplici vocis sono animalium effecta, quae scribi non potest" [55].

---

[52] *Poética de Aristóteles,* Ed. de V. García Yebra, Madrid, Gredos, 1974, pág. 198. En *El arte poética,* de Espasa-Calpe, 1943, pág. 60, se traduce como "pronunciación articulada", en lugar de "voz convencional".

[53] Pág. 47.

[54] Pág. 367.

[55] Pág. 420.

En el mismo sentido se expresa Mario Victorino: "Vocis formae sunt duae, articulata et confusa. articulata est quae audita intellegitur et scribitur et ideo a plerisque explanata, a non nullis intellegibilis dicitur"[56]. Más explícito es Prisciliano, para el que "vocis autem differentiae sunt quattuor: articulata, inarticulata, literata, illiterata. articulata est, quae coartata, hoc est copulata cum aliquo sensu mentis eius, qui loquitur, profertur. inarticulata est contraria, quae a nullo affectu proficiscitur mentis. literata est, quae scribi potest, illiterata, quae scribi non potest"[57].

Luego las características de la voz articulada son: que se pueda escribir, esto es, representar en forma de letra, que se pueda comprender y que se pueda emitir. De ahí la unión entre letra y sonido articulado que está presente en nuestros gramáticos. Por eso, Villena habla de "bozes articuladas e literadas"[58], y Nebrija nos dice: "Que la letra es la menor parte de la boz que se puede escriuir ... porque si no se pudiese escriuir ya no seria letra, como es el sonido del viento y otras bozes que los latinos llaman inarticuladas"[59].

2.6. CLASIFICACIÓN FÓNICA.

Los estudios del elemento primario, fónico o gráfico del lenguaje siguen en los principios de la lengua española, como en los de todos los romances, la tradición

---

[56] Pág. 4.

[57] Pág. 5. Para Varrón, "Todo sonido es 'articulado' o 'confuso'. El sonido 'articulado' proviene de la inteligencia; es el que es emitido por la palabra humana; se le llama también literal o gráfico, porque puede ser traducido por medio de letras. El sonido 'confuso' no proviene de la inteligencia; no es gráfico; es el que realiza el grito natural de los animales" (véase COLLART, op. cit., pág. 57).

[58] *Arte de trovar*, pág. 63.

[59] *Reglas de Orthographía, Diffinición primera.*

grecolatina. Aunque los mejores estudios de la antigüedad sobre esta materia fueron hechos por los hindúes, sin embargo, no los conocemos en Europa hasta que salen a la luz en el siglo XIX con el descubrimiento del sánscrito por la ciencia lingüista positivista.

Las clasificaciones fonéticas realizadas por griegos e hindúes son totalmente diferentes: los primeros conocen de una manera muy imperfecta los órganos fonadores y basan sus distinciones en la impresión acústica recibida, lo que les hace concebir un sistema impresivo, bastante imperfecto [60]. Sin embargo, la clasificación de los indios es mucho más precisa, en dos sentidos: en primer lugar, al poseer un sistema consonántico más rico que el griego, les exige mayor firmeza en la descripción; en segundo lugar, su clasificación está fundada en la fonación, en el funcionamiento de los órganos articulatorios, no en la audición. Los griegos percibían diferencias que no podían fundamentar, eran diferencias subjetivas, mientras que los gramáticos de la India pueden dar una ordenación totalmente objetiva del nivel fónico [61].

---

[60] Hipócrates conoce la tráquea, los pulmones, así como la articulación de la voz, que se forma, según él, por medio de los labios y de la lengua. Aristóteles distingue la laringe y la tráquea; emplea por vez primera el término de *glotis* para designar el espacio vacío de la laringe, ya que no conoce las cuerdas vocales. Galeno superó a sus predecesores gracias a la experimentación, pero sus avances tampoco fueron decisivos para el conocimiento de la fonación.

[61] Véase M. GRAMMONT, *Traité de Phonétique*, págs. 30-35; CHLUMSKY, *ANPhE*, XI, 1935, págs. 78-80 (con indicaciones bibliográficas); W. S. ALLEN, *Phonetics in Ancient India*; L. RENOU, *Terminologie grammaticale du sanskrit*, Paris, 1942; G. STRAKA, *La division des sons du langage en voyelles et consonnes peut elle être justifiée?*, en TrLiLi, I, 1963, págs. 17-19; ERNST BRÜCKE, *Grundzüge der Physiologie und Systematik der Sprachlaute*, 2ª ed., 1876.

2.6.1. *Clasificación griega.*

Para los griegos existe, en primer lugar, una unidad mínima, indivisible, que es la letra [62].

El conjunto de estos elementos se divide en dos grandes grupos: el vocálico y el consonántico. Esta división se basa en el principio de audibilidad de los elementos.

1. *Vocales*: elementos audibles, τὰ φωνήεντα, que se pueden pronunciar solas, y pueden por sí mismas formar una sílaba. Aristóteles las define del siguiente modo: "Vocal es la que sin adición alguna tiene voz inteligible, cuales son la A y la O" [63], y se forma "sin la aproximación de la lengua o de los labios" [64], es decir, sin obstáculos al paso del aire fonador.

Fonológicamente, los griegos poseían diez vocales, divididas en cinco parejas cuyo rasgo pertinente era la cantidad: / i, i:, e, e:, a, a:, o, o:, u, u: /. El alfabeto, sin embargo, tal vez por no haber encontrado símbolo especial, sólo distinguía siete signos diferentes: α, ε, η, ι, o, ω, υ; en su ortografía, sólo se encontraban representadas cuantitativamente las medias: ε = /e/, η = /e:/, o = /o/, ω = /o:/. De ahí que inducidos erróneamente por su ortografía, dividiesen las vocales en breves, largas y de dos tiempos o ambiguas, representadas gráficamente por α, ι, υ. Hay que añadir, además, los δίφθογγοι, que, p. ej., para Dionisio de Tracia son seis: αι, αυ, ει, ευ, οι, ου.

$$
\tau \grave{\alpha} \;\; \phi \omega \nu \acute{\eta} \epsilon \nu \tau \alpha \left\{
\begin{array}{l}
\beta \rho \alpha \chi \acute{\epsilon} \alpha \;\;\; \text{(breves): } \epsilon, \; o \\
\mu \alpha \kappa \rho \acute{\alpha} \;\;\; \text{(largas): } \eta, \; \omega \\
\delta \acute{\iota} \chi \rho o \nu \alpha \;\; \text{(ambiguas): } \alpha, \; \iota, \; \upsilon
\end{array}
\right.
$$

---

[62] Véase § 2.4.

[63] *El arte poética,* Espasa-Calpe, 1943, pág. 60.

[64] Añadirá JIMÉNEZ PATÓN, en su *Ortografía.*

2. *Consonantes.* Por oposición al término φωνήεντα con que conocían las vocales, a las consonantes se les designó primeramente como ἄφωνα, es decir, como elementos inaudibles. Más tarde, los estoicos y los epicúreos cambiaron este término por el de σύμφωνα, refiriéndose con él a estos sonidos que sólo suenan acompañados de elementos vocálicos, pensando probablemente en las agrupaciones de orden superior al sonido aislado: sílaba, palabra, etc.

Este grupo de consonantes quedaba dividido en dos subgrupos:

a) las mudas (ἄφωνα). Aristóteles las define del siguiente modo: "Muda es la que con impulso ningún sonido hace por sí, pero unida con la que lo tiene, se hace inteligible" [65], "tiene esta aproximación [de la lengua o de los labios], no tiene en sí misma ningún sonido; se hace audible acompañada de las letras que tienen un sonido: ej., la *g* y *d*" [66]. Esta serie de sonidos consonánticos mudos se dividían en *tenues* o *dulces,* /p, t, k/, *densos* /ph, th, kh/ y *medios* /b, d, g/.

b) Las *semivocales* (ἡμίφωνα para Aristóteles. τὰ μέσα para Platón), son elementos de audibilidad media y ocupan un lugar intermedio entre los vocálicos y los mudos. Su característica principal es que no pueden formar sílabas, pero sí pronunciarse solas. Aristóteles las define: "La que impelida de otra se pronuncia, cuales son la R y S" [67], tiene "esta aproximación" [de la lengua o de los labios], "tiene sonido audible" [68]. Este grupo de

---

[65] *Op. cit.,* pág. 60.
[66] Según JIMÉNEZ PATÓN, en su *Ortografía.*
[67] *Op. cit.,* pág. 60.
[68] Según PATÓN.

las semivocales se dividía en *dobles*: /ps, ks, zd/, *simple*
/s/, y *líquidas* /l, r, m, n/ [69].

$$
\tau\grave{\alpha} \ \ \H{\alpha}\phi\omega\nu\alpha >
\left\{
\begin{array}{l}
\H{\alpha}\phi\omega\nu\alpha
\left\{
\begin{array}{l}
\psi\iota\lambda\acute{\alpha} \ (\text{dulces}): \pi, \tau, \kappa \\
\delta\alpha\sigma\acute{\epsilon}\alpha \ (\text{aspiradas}): \phi, \theta, \chi \\
\mu\acute{\epsilon}\sigma\alpha \ (\text{medias}): \beta, \delta, \gamma
\end{array}
\right. \\
\eta\mu\acute{\iota}\phi\omega\nu\alpha
\left\{
\begin{array}{l}
\delta\iota\pi\lambda\hat{\alpha} \ (\text{dobles}): \zeta, \xi, \psi \\
\acute{\alpha}\pi\lambda\hat{\alpha} \ (\text{simples}): \varsigma \\
\acute{\upsilon}\gamma\rho\acute{\alpha} \ (\text{líquidas}): \lambda, \mu, \nu, \rho
\end{array}
\right.
\end{array}
\right.
$$

$\tau\grave{\alpha} \ \sigma\acute{\upsilon}\mu\phi\omega\nu\alpha$

2.6.2. *Clasificación hindú.*

Los gramáticos de la India también distinguieron
como los griegos vocales, semivocales, espirantes y oclusivas, pero su formulación es mucho más precisa por estar
fundamentada, como ya hemos dicho, en las condiciones
fisiológicas de la producción de los sonidos. Distinguieron
las siguientes categorías, que funcionaban como rasgos
distintivos en su lengua: 1. rasgo de sonoridad: sonidos
sordos (agoṣa) — sonoros (ghoṣavant). 2. rasgo de abertura: oclusivas (sparśa 'cierre, contacto'), que pueden ser
sordas, sonoras, aspiradas, nasales; espirantes (sonidos pro-
ducidos con ūṣman 'soplo'); intermediarias (antahstha,
que serían las semivocales v, l, r, y), y, por último, los
sonidos de la voz (svāra, o vocales: u, i, a). 3. rasgo de

---

[69] Platón distingue: 1. los φωνήεντα = vocales: 2. los φωνήεντα μὲν οὐ
μέντοι γε ἄφθογγα llamadas también μέσα, que son las intermediarias o semivocales 3. ἄφωνα καὶ ἄφθογγα, que son las mudas.
   La clasificación más completa es la de Dionisio de Tracia, que, con la
sola variante de la sigma, que la incluye entre las líquidas, es la que damos
en el texto.
   Dionisio de Halicarnaso realiza la siguiente clasificación: 1º semivocales:
líquidas, nasales, sibilantes, consonantes dobles; 2º mudas: sordas, sonoras,
aspiradas, y en cada una de las categorías, labiales, dentales, guturales (véase
COLLART, *op. cit.*, pág. 76).

lugar de articulación: oṣṭhya (sonidos de los labios), dan-
tya (sonidos de los dientes), mūrdha (sonidos de la cabeza, los cerebrales), tālavya (sonidos del paladar) y kaṇ-
ṭhya (sonidos de la garganta, los "guturales").

2. 6. 3. *Clasificación latina.*

El latín adopta en el siglo VIII a. J. C. el alfabeto y
los conceptos fónicos de los griegos [70]. En realidad, podemos decir que los gramáticos latinos son los herederos
directos de los helenos, de los que toman toda la doctrina,
aunque en algunos casos aportan nuevos conceptos, como
veremos más adelante, en el dominio concreto que aquí
nos interesa [71].

Adoptan la dicotomía vocal-consonante, con sus sub-
divisiones respectivas, siguiendo en todo ello los criterios
helenos, pero añaden, intuyéndolo, más que demostrán-
dolo, los conceptos de modo y lugar de articulación, y
en alguna ocasión, hasta haces de correlaciones. Veámoslo
con detalle.

División vocal-consonante. Los gramáticos latinos fun-
damentan la división vocal-consonante más en la función
silábica que en el criterio de audibilidad, en el que po-
nían más énfasis los griegos: "diximus igitur litteras in
duas species, id est vocales consonantesque, discerni, quarum alias, sine quis syllaba coire vix potest, vocales, alias,

---

[70] Véase COLLART, *op. cit.,* págs. 75-76.

[71] La cultura gramatical latina está, en general, bastante desprestigiada
en los manuales de historia de la lingüística. Pensamos que sería necesario
realizar investigaciones en este sentido a la luz de los nuevos conceptos lingüísticos. Un ejemplo sólo como muestra: "los hindúes más aún, fueron fone-
tistas excelentes e interpretaron los símbolos escritos en términos fisiológicos ... Poco nos han ayudado los gramáticos latinos en lo relativo a los sonidos del habla" (BLOOMFIELD, *Lenguaje,* ed. esp., Lima, 1964, pág. 363).

quae coniunctae superioribus vocis sonum adiuvent et sensum auribus ex utriusque coniunctione velut geminum adferant, consonantes appellari" [72]. "Multa enim est differentia inter consonantes, ut diximus, et vocales. tantum enim fere interest inter vocales et consonantes, quantum inter animas et corpora. animae enim per se moventur, ut philosophis videtur, et corpora movent, corpora vero nec per se sine anima moveri possunt nec animas movent, sed ab illis moventur. vocales similiter et per se moventur ad perficiendam syllabam et consonantes movent secum, consonantes vero sine vocalibus immobiles sunt" [73].

Vocales. El común denominador de las definiciones sobre la vocal es que ésta se puede pronunciar sola y puede formar sílaba por sí misma [74]. Concepto semejante al de los griegos.

Aunque existe una gran confusión entre letra y fonema, complicada aún más por la comparación con los siete grafemas vocálicos griegos, en general, dividen las vocales en tres tipos [75]: breves, largas y medias. En estos módulos griegos quieren meter su sistema vocálico. En

---

[72] MARIO VICTORINO, pág. 32.

[73] PRISCIANO, pág. 13.

[74] Para Diomedes "vocalium potestates sunt duae, quod tam pronuntiatae singulae syllabas faciunt et per se proferuntur quam cum consonantibus iunctae syllabam facere possunt. vocales ideo dictae, quod ad scribendas voces articulatas necessariae habentur. has quidam sonantes appellant" (pág. 422). Para Carisio (pág. 5), Mario Victorino (pág. 5) y Donato (pág. 367) "vocales sunt quae per se proferuntur et per se syllabam faciunt". Y en el mismo sentido, también Probo (pág. 49). Según Prisciano, se llaman vocales "quae per se voces perficiunt vel sine quibus vox literalis proferri non potest" (pág. 9). Y en Sergio, encontramos: "vocales, quod per se prolatae et solae positae syllabam faciunt" (pág. 475). Y nuevamente, Mario Victorino "vocales sunt quae plenam vocem proferunt, per quas etiam separatas syllabas fieri volunt" (pág. 6).

[75] Véase, por ejemplo, Prisciano, pág. 23.

cuanto a las dos primeras clasificaciones, no hay problema: todas las vocales pueden ser breves o largas. En la vocal media, que debe corresponder a la δίχρονα griega, grafema bivalente, incluyen *i, u,* por su función tanto de vocal como de consonante.

Consonantes. Según Diomedes "consonantes appellantur, quod interdum proiectae interdum subiectae vocalibus consonant" [76]. Se dividen en dos grupos: las semivocales y las mudas.

a) Las *semivocales,* de acuerdo con los gramáticos latinos, ocupan, según su sonoridad, un lugar intermedio entre las vocales y las mudas: se pueden pronunciar por sí mismas, pero solas no pueden formar sílaba [77]. Dice de ellas Mario Victorino: "semivocales in enuntiatione propria ore semicluso strepunt" (pág. 32). Estas semivocales son: *f, l, m, n, r, s, x,* que, a su vez, se subdividen en:

líquidas: las que pueden entrar a formar parte de

---

[76] Pág. 422.

[77] Mario Victorino (pág. 6), Donato (pág. 367), Charisio (pág. 8), Probo (pág. 49): "semivocales sunt quae per se quidem proferuntur, sed per se syllabam non faciunt" (pág. 5), "semivocales sunt quae partem quandam vocis incipiunt, sed implere non possunt" (pág. 6). Prisciano: "haec ergo [hoc est semivocales] quantum vincuntur a vocalibus, tantum superant mutas. ideo apud Graecos quidem omnes dictiones vel in vocales vel in semivocales, quae secundam habent euphoniam, desinunt, quam nos sonoritatem possumus dicere, apud Latinos autem ex maxima parte, non tamen omnes, inveniuntur enim quaedam etiam in mutas desinentes. 'semivocales' autem sunt appellatae, quae plenam vocem non habent" (pág. 9). Diomedes: "semivocales dictae, quod dimidium eius potestatis habent. etenim per se enuntiantur, sed per se nec syllabam nec plenam vocem faciunt" (pág. 423). Sergio: "Semivocales dictae sunt, quod semis quiddam vocis habeant, et hanc legem habent, ut a vocalibus inchoent et in naturalem desinant sonum, ut ef el em en er es ix. his si detrahamus vocales, habent tamen velut quendam sui levem sonum" (págs. 476-477). En los Excerpta: "Semivocales quae sunt? Quae quidem habent in principio partem vocalitatis, cum per se proferuntur, tamen per se syllabam facere non possunt" (pág. 326).

una sílaba en la combinación "consonante + líquida + vocal"[78]. Estas consonantes líquidas son: *l, m, n, r*.

dobles: compuestas por dos elementos: para todos, *x*, integrada por *g + s* o *c + s*; para algunos, también *z* (Mario Victorino), aunque considerada, en general, como un préstamo griego[79].

[*simples*]: *f* y *s*[80].

b) Las *mudas* son las que no se pueden emitir por sí solas, ni tampoco por ellas mismas pueden formar sílaba[81]. Mario Victorino las considera del siguiente modo:

---

[78] Mario Victorino: "liquidae dicuntur, quando hae solae inter consonantem et vocalem inmissae non asperum sonum faciunt, ut clamor, Tmolus" (pág. 6). Charisio: "liquidae sunt quattuor l m n r, quae propterea liquidae dictae sunt, quod minus aridi habeant et in pronuntiatione liquescant" (pág. 8). En los Excerpta: "Liquidae unde dictae? Quod minus virium habeant et in pronuntiatione liquescant atque solvantur" (pág. 326).

[79] En los Excerpta: "Quae semivocalium duplex est? X. Quare duplex? Ideo quod ex duabus litteris constat: constat enim aut ex g et s aut ex c et s, ut rex regis, pix picis. quippe ante inventam x litteram, quae postea in compendium inventa est, rex per g et s itemque pix per c et s litteras veteres scribebant (pág. 326). Diomedes: "x duplex est" (pág. 422), y del mismo modo Probo (pág. 49), Charisio (pág. 8), Donato (pág. 368) y Prisciano (pág. 24). Mario Victorino: "item ex isdem semivocalibus duplices sunt duae, x et z: singulae enim in metrica ratione pro duabus consonantibus valent" (pág. 6).

[80] Mario Victorino: "residuae semivocalium sunt f et s. ex quibus f quidam errantes duplicem dicunt, quia ex p et h composita videatur. sed quando in pedibus duarum consonantium virtutem non habet, duplex non est. s autem vocatur facilis, quando plurimis consonantium iuncta in syllabarum sono miscetur" (págs. 6-7). Donato: "et s littera suae cuiusdam potestatis est, quae in metro plerumque vim consonantis amittit. item ex illis f littera superponitur liquidis [l vel r], quem ad modum muta quaelibet, et communem syllabam facit" (pág. 368). Diomedes: "et s littera suae cuiusdam potestatis est ideoque apud graecos μοναδικόν appellatur, quae in metro plerumque vim consonantis amittit. item ex illis f littera superponitur liquidis, quem ad modum muta quaelibet, et communem syllabam facit" (pág. 423).

[81] Diomedes: "mutae sunt quae nec proferri per se possunt nec syllabam facere" (pág. 423). Donato: "mutae sunt quae nec per se proferuntur nec per se syllabam faciunt" (pág. 368). Mario Victorino: "mutae sunt quae nullius vocis sonum separatim faciunt" (pág. 7). Prisciano: [mutae] sunt qui

"mutae autem nec rictu oris nec linguae nisu sonum edere nisi coniunctae vocalibus queunt" (pág. 32). Según los gramáticos latinos, su número se eleva a nueve: *b, c, d, g, h, k, p, q, t.* De ellas, unas son "supervacuae": *k* y *q* porque "c littera harum locum possit explere", y otra, la *h* es sólo aspiración.

Lugar y modo de articulación.

En algunos gramáticos latinos, no en todos, se percibe un avance con relación a la doctrina helena: sobre la tipología común de los segmentos fónicos en función silábica, se aquilata en sus descripciones genéticas y se intentan buscar los rasgos de lugar y modo de articulación expuestos con precisión muy distinta en el grupo vocálico, de mayor dificultad de descripción [82], que en el consonántico.

En Mario Victorino y en Terentiano es donde hemos encontrado estas descripciones, ausentes en los demás gramáticos que hemos consultado.

1. *Vocales.* En las vocales, según Mario Victorino intervienen principalmente tres parámetros: abertura de la

---

non bene hoc nomen putant eas accepisse, cum hae quoque pars sint vocis ... sic igitur etiam 'mutas', non quae omnino voce carent, sed quae exiguam partem vocis habent" (pág. 9). Probo: "Mutae consonantium litterae sunt numero novem. hae nec per se proferuntur nec per se syllabam facere possunt. per se hae non proferuntur, siquidem vocalibus litteris subiectis sic nomina sua definiunt, ut puta be ce de ge ha ka pe qu te. per se autem syllabam facere non possunt, scilicet quoniam mutae litterae, si misceantur, sonum syllabae facere non reperiuntur, ut puta bc dg tk pq et cetera talia" (pág. 50). Charisio: "mutae sunt quae neque proferuntur per se neque per se syllabam faciunt" (pág. 8). Sergio: "mutae sunt quae a se incipiunt et desinunt in vocales. mutae autem dictae sunt, quod sublatis vocalibus nullum habeant sonum" (pág. 477). Los Excerpta: "Quae sunt mutae? Quae neque ipsae per se proferri possunt neque syllabam facere" (pág. 326).

[82] Piénsese en las construcciones inexactas de los triángulos vocálicos — reflejo de las posiciones articulatorias de las vocales — aún en época moderna.

boca, posición de la lengua y labialización, siendo los dos primeros los únicos pertinentes para la lengua que describe. El problema reside en que no aplica sistemáticamente los tres parámetros a todas las vocales. De este modo, tenemos:

a) *abertura bucal*: de menor a mayor abertura: *i, e, o, a*. Ignoramos *u*.

b) *posición lingual*: lengua alta: *i*; lengua baja: *a*; lengua en posición posterior: *o*. Se mezclan, como vemos, los criterios de lugar y modo de articulación.

c) *acción labial*: labios separados: *e*; abertura media de los labios: *o*; articulación labial: *u* [83].

2. *Consonantes*. En las consonantes, distingue el mismo gramático, como ya hemos visto, dos *modos de articulación*.

a) *cierre de los órganos articulatorios*: interruptas: las consonantes mudas.

b) *semicierre de los órganos articulatorios*: continuas: las consonantes líquidas. Éstas se dividen a su vez en:

---

[83] Mario Victorino: "*a* littera rictu patulo suspensa neque impressa dentibus lingua enuntiatur. *e*, quae sequitur, depresso modice rictu oris reductisque introrsum labiis effertur. *i* semicluso ore impressaque sensim lingua dentibus vocem dabit. *o* ... igitur qui correptum enuntiat, nec magno hiatu labra reserabit et retrorsum actam linguam tenebit. longum autem productis labiis, rictu tereti, lingua antro oris pendula sonum tragicum dabit. *u* litteram ... productis et coeuntibus labris efferemus" (págs. 32-33; el subrayado es nuestro). En Terentiano: "A prima locum littera sic ab ore sumit: / immunia rictu patulo tenere labra / linguamque necesse est ita pendulus reduci, / ut nisus in illam valeat subire vocis / nec partibus ullis aliquos ferire dentes. / E quae sequitur vocula disso na est priori, / quia deprimit altum modico tenore rictum, / et lingua remotos premit binc et hinc molares. / I porrigit ictum genuinos prope ad ipsos / minimumque renidet supero tenus labello. / O ... retrorsus adactam modice teneto linguam, / rictu neque magno sat erit patere labra. / at longior alto tragicum sub oris antro / molita rotundis acuit sonum labellis. / ... u ... productius autem coeuntibus labellis / natura soni pressior altius meabit" (págs. 328-329).

nasales: *m*, *n* [84]. Según el texto aducido en esta nota de pie de página, aquí se plantea ya el problema de la clasificación de las consonantes nasales como grupo independiente o como subgrupo de las oclusivas (en este caso mudas). Tradicionalmente, desde el punto de vista articulatorio, se consideran como consonantes oclusivas aquellas que son producidas por un "cierre del canal bucal". En este caso, bajo el mismo epígrafe de oclusivas, sería necesario incluir tanto las orales [p, b, t, d, k, g], como las nasales [m, n, ɲ], ya que lo más importante es la interrupción de la salida del aire a través del canal bucal; por otra parte, en [m, n, ɲ], la abertura al exterior a través de las fosas nasales es muy pequeña; lo característico en ellas es la comunicación que se establece entre las cavidades nasales y las cavidades orales, por el descenso del velo del paladar. Acústicamente, tanto las oclusivas orales como las nasales comparten la forma (velocidad) y la dirección de las transiciones del segundo y tercer formantes. No obstante, hay algunos rasgos que distinguen ambos grupos — continuidad, nasalidad —; por ello, si quisiéramos hacer con las consonantes nasales un grupo aparte por sus rasgos fisiológicos — abertura del canal rinofaríngeo — y acústicos — componentes formánticos bien acu-

---

[84] Mario Victorino: "at *m* impressis invicem labiis mugitum quendam intra oris specum attractis naribus dabit. *n* vero sub convexo palati lingua inhaerente gemino naris et oris spiritu explicabitur" (pág. 35). Terentiano: "at tertia clauso quasi mugit intus ore. / quartae sonitus figitur usque sub palato, / quo spiritus anceps coeat naris et oris" (pág. 332).

[85] Mario Victorino: "sequetur l, quae validum nescio quid partem palati, qua primordium dentibus superis est, lingua trudente, diducto ore personabit" (pág. 34). Terentiano: "adversa palati supera premendo parte / obstansque sono quem ciet ipsa lingua nitens / validum penitus nescio quid sonare cogit" (pág. 332).

[86] Mario Victorino: "sequetur r, quae vibrato vocis palatum linguae fastigio fragorem tremulis ictibus reddit" (pág. 34). Terentiano: "vibrat tremulis ictibus aridum sonorem" (pág. 332).

sados —, se podría mantener como característico el "cierre del canal bucal" e incluir bajo el epígrafe de oclusivas las *oclusivas orales* y las *oclusivas nasales*.

laterales: l [85].
vibrantes: r [86].

De las mismas descripciones de los gramáticos citados se deducen los siguientes *lugares de articulación*:

labiales: *p, b* [87] y *m* [84].
dentales: *t, d* [88], *s* [89], *l* [90].

---

[87] Mario Victorino: "e quibus b et p litterae coniunctione vocalium quasi syllabae (nam muta portio penitus latet: neque enim labiis hiscere ullumve meatum vocis exprimere nisus valet, nisi vocales exitum dederint atque ora reserarint) dispari inter se oris officio exprimuntur. nam prima exploso e mediis labiis sono, sequens compresso ore velut introrsum attracto vocis ictu explicatur" (pág. 33). Terentiano: "B littera vel P quasi syllabae videntur / iunguntque sonos de gemina sede profectos: / nam muta iubet portio comprimi labella, / vocalis at intus locus exitum ministrat. / compressio porro est in utraque dissonora: / nam prima per oras etiam labella figit, / velut intus agatur sonus; ast altera contra / pellit sonitum de mediis foras labellis" (pág. 331).

[88] Mario Victorino: "d autem t, quibus, ut ita dixerim, vocis vicinitas quaedam est, linguae sublatione ac positione distinguuntur. nam cum summos atque imos coniunctim dentes suprema sui parte pulsaverit, d litteram exprimit. quotiens autem sublimata partem, qua superis dentibus est origo, contigerit, t sonoris vocis explicavit" (pág. 33). Terentiano: "at portio dentes quotiens suprema linguae / pulsaverit imos modiceque curva summos, / tunc D sonitum perficit explicatque vocem / T, qua superis dentibus intima est origo, / summa satis est ad sonitum ferire lingua" (pág. 331).

[89] Mario Victorino: "dehinc duae supremae, s et x, iure iugentur, nam vicino inter se sonore attracto sibilant rictu, ita tamen, si prioris ictus pone dentes excitatus ad medium lenis agitetur, sequentis autem crasso spiritu hispidum sonet, quia per coniunctionem c et s, quarum et locum implet et vim exprimit, ut sensu aurium ducemur, efficitur" (pág. 34). Terentiano: "sibila dentibus repressis / miscere videntur: tamen ictus ut priori / et promptus in ore est agiturque pone dentes, / sic levis et unum ciet auribus susurrum" (pág. 332).

[90] Mario Victorino: "l, quae validum nescio quid partem palati, qua primordium dentibus superis est, lingua trudente, diducto ore personabit" (pág. 34). Para Terentiano parece ser palatal en vez de dental: "adversa

labiodental: f^{91}.
palatales: n^{84}, r^{86}.
posteriores: c, g^{91}.
faríngea: h^{92}.

Haces de correlaciones.

Prisciano, viendo que los mismos rasgos se repiten entre distintos sonidos, formando pequeños sistemas, nos dice: "Inter c sine aspiratione et cum aspiratione est g, inter t quoque et th est d et inter p et ph sive f est b. sunt igitur hae tres, hoc est b g d mediae, quae nec penitus carent aspiratione nec eam plenam possident" [93].

---

palati supera premendo parte / obstansque sono quem ciet ipsa lingua nitens / validum penitus nescio quid sonare cogit" (pág. 332).

[91] Mario Victorino: "f litteram imum labium superis imprimentes dentibus reflexa ad palati fastigium lingua leni spiramine proferemus" (pág. 34). Terentiano: "imum superis dentibus adprimens labellum, / spiramine leni, velut hirta graia vites, / hanc ore sonabis" (pág. 332).

Mario Victorino: "c etiam et g, sono proximae oris molimine nisuque dissentiunt. nam c reducta introrsum lingua hinc atque hinc molares urgens haerentem intra os sonum vocis excludit: g vim prioris pari linguae habitu palato suggerens lenius reddit" (pág. 33). Terentiano: "utrumque latus dentibus applicare linguam / C pressius urget: dein hinc et hinc remittit, / quo vocis adhaerens sonus explicetur ore. / G porro retrorsum coit et sonum prioris / obtusius ipsi prope sufficit palato" (pág. 331).

[92] Mario Victorino: "h quoque inter litteras otiosam grammatici tradiderunt, eamque aspirationis notam cunctis vocalibus praefici, ipsi autem consonantes tantum quattuor praeponi, quotiens graecis nominibus latina forma est, persuaserunt, id est c p r t, ut chori Phyllis rhombos thymos: quae profundo spiritu, anhelis faucibus, exploso ore fundetur" (pág. 34). Terentiano: "nulli dubium est faucibus emicet quod ipsis / H littera, sive est nota, quae spiret anhelum" (pág. 331).

[93] Pág. 20.

2.6.4. *Clasificación nebrisense.*

Cuando Antonio de Nebrija clasifica los sonidos[94], utiliza los mismos criterios latinos que hemos visto anteriormente:

1. *Función silábica.*

En primer lugar, el de la *función silábica,* para establecer la dicotomía entre vocales y consonantes:

a) *vocales*: "que por si mesmas tienen boz sin se mezclar con otras letras" "porque las vocales suenan por si, no hiriendo alguno delos instrumentos con que se forman las consonantes, mas sola mente colocando el espíritu por lo angosto dela garganta, i formando la diversidad dellas enla figura de la boca"[95]; "Que la vocal es letra que se forma en tal parte de la boca que puede sonar por sí sin se mezclar ni ayuntar con otra letra alguna, y por eso se llama vocal, porque tiene boz por sí, como

---

[94] *GC,* I, págs. 19-20.
Nos parece interesante reproducir aquí la siguiente descripción de Villena: "La *h.* El pulmón con su aspiración forma la *h.*
La trachearchedia forma la *a* e la *e* e la *i,* e la diferençia que entre ellas se faze, es por menos respiración; que la *a* se pronunçia con mayor, e la *e* con mediana, e la *i* con menor.
El paladar, con su oquedat, forma la *o* e la *k,* pero la *o* ayúdase con los beços.
La lengua forma la *r* firiendo en el paladar, e la *d* e la *t* e la *l* firiendo en los dientes; e la *y* griega ayudándose con paladar e dientes; e la *n* e tilde firiendo muellemente en los dientes medio cerrados.
E los dientes forman la *z,* apretados zizilando. e la *x* e la *q* ayudándose un poco con la lengua.
Los beços con clausura e aperiçión forman la *b, f, m* e la *p* e la *q.* e la *v* aguzando con alguna poca abertura, e ayudándose de la respiración.
Algunos quisieron atribuyr la pronunçiaçión de la *o* a los beços, porque se aguzan e abren en foima circular; pero mayor operación faze en ello el paladar, e por eso a él fué asignada de suso" (*Arte de trovar,* págs. 70-71).
[95] *GC,* pág. 19 y pág. 20, respectivamente.

la *a,* la qual, sin ayuda de otra cualquiera letra, se puede pronunciar y por esso competirle ha la definición de vocal" [96]. "Llamadas assí porque suenan por sí mesmas" [97].

b) *consonantes*: "porque no pueden sonar sin herir las vocales" [98]; "Que la consonante es letra, la qual se forma en tal parte de la boca que no se puede pronunciar sin ayuda de alguna vocal, y por eso se llama consonante, porque suena con otra letra vocal, como la *b* no puede sonar sin la ayuda de la *e*" [99].

2. *Audibilidad y modo de articulación.*

El de la *audibilidad,* y el del *modo de articulación,* por el que establece una nueva división, dentro del grupo de las consonantes:

a) *Mudas*: *b, c, ch, d, f, g, p, ph, t, th, i* consonante, *u* consonante. "Mudas se dizen aquellas, porque en comparación delas vocales casi no tienen sonido alguno" [100]; "Que la muda es letra que se forma en tal parte de la boca que ni poco ni mucho puede sonar por estar cerrados los lugares por donde auía de salir aquella boz, como la *b* y la *p* que no pueden por sí sonar por estar los beços apretados; la *t* y la *d* por estar la lengua atrauessada entre las helgueduras de los dientes la *c* y la *g* por estar la campanilla trauessada en el gargauero" [101].

b) *Semivocales*: *l, m, n, r, s, z*. "las otras [se dizen] semivocales, porque en comparación delas mudas tienen

---

[96] *RO,* fol. 2 v. *Diffinición segunda.*
[97] *GC,* pág. 106.
[98] *GC,* pág. 19 y pág. 106.
[99] *RO,* fol. 2 v. *Diffinición tercera.*
[100] *GC,* pág. 19.
[101] *RO,* fol. 3 r. *Diffinición quarta.*

mucho de sonoridad"[102]; "Que la semivocal es letra, la
qual se forma en tal parte de la boca que, aunque no
suena tanto como la vocal, suena más que la muda, y
por esso se llama assí, como la *l, n, r, s,* las quales, estando
abiertos aquellos lugares donde se formauan las mudas,
estando cerrados, e hiriendo la lengua en ciertos lugares
del paladar, en alguna manera suenan"[103].

Evidentemente, estas dos primeras clasificaciones están dentro del marco taxonómico grecolatino. La segunda
clasificación presenta aspectos diferentes en la *Gramática*
y en las *Reglas de Orthographía.* En la primera, se manifiesta más acorde con la teoría helénica, basándose en
la impresión auditiva; en la *Orthographía* añade, además,
otro criterio basado en el grado de abertura de los órganos articulatorios. Por ello, se podría considerar como una
clasificación basada en un rudimentario modo de articulación. Contemplando las definiciones dadas para las vocales, las mudas y las semivocales, podríamos establecer:
1. abertura máxima: vocales; 2. abertura media: semivocales; 3. ninguna abertura (abertura cero): mudas.

3. *Lugar de articulación.*

El del *lugar de articulación,* expuesto sistemáticamente en la *Gramática,* y muy rápidamente enunciado
en la *Orthographía.* Según este lugar de articulación, Nebrija clasifica los sonidos en[104]:

a) [*bilabiales*]: "la *p ph b* suenan espediendo la boz,
despues delos beços apretados mas o menos, por que la *p*

---

[102] *GC,* págs. 19-20.

[103] *RO,* fol. 3 r. *Diffinición quinta.*

[104] *GC,* pág. 20. En lo que sigue la terminología clasificatoria es la que
hoy se utiliza; la enmarcamos entre corchetes.

suena limpia de aspiración; la *ph* espessa; la *b,* en medio, porque comparada ala *ph* es sotil, comparada a la *p* es gruessa. La *m* suena en aquel mesmo lugar; mas, por sonar hazia dentro, suena escuro, maior mente, como dize Plinio, en fin delas diciones"; "como la *b* y la *p,* que no pueden por sí sonar por estar los beços apretados" [105].

b) [*labiodentales*]: "la *f* con la *v* consonante, puestos los dientes de arriba sobre el beço de baxo, y soplando por las helgaduras dellos: la *f* mas defuera, la *v* mas adentro un poco".

c) [*linguodentales*]: "La *t th d* suenan espediendo la boz, puesta la parte delantera dela lengua entre los dientes, apretandola o afloxandola mas o menos, porque la *t* suena limpia de aspiración; la *th,* floxa y espessa; la *d,* en medio, porque comparada ala *th* es sotil, comparada a la *t* es floxa"; "la *t* y la *d* por estar la lengua atrauessada entre las helgaduras de los dientes" [105].

d) [*linguoalveolares*]: palatales para Nebrija "Las medio vocales todas suenan arrimando la lengua al paladar, donde ellas pueden sonar mucho, en tanto grado, que algunos pusieron la *r* enel numero delas vocales; y por esta razon podriamos poner la *i* consonante entre las semivocales"; "e hiriendo la lengua en ciertos lugares del paladar, en alguna manera suenan" [105]. En este grupo, hay que incluir todas sus semivocales, menos la *m,* clasificada en el grupo de las bilabiales. De este modo, quedarían: *l, n, r, s, z.*

e) [*linguovelares*]: "la *c ch g,* apretando o hiriendo la campanilla mas o menos, por que la *c* suena limpia de aspiración; la *ch,* espessa y mas floxa; la *g,* en media manera, porque comparada a la *c* es gruessa, comparada

---

[105] *GC,* pág. 20 y *RO,* fol. 3 r. *Diffinición quarta,* respectivamente.

a la *ch* es sotil"; "la *c* y la *g,* por estar la campanilla trauessada en el gargauero" [105]. Debemos observar que por medio de las grafías *c* y *ch,* indica Nebrija /k/ y /kh/, respectivamente.

El material fónico que utiliza Nebrija en estas clasificaciones es el de las lenguas clásicas. Por ello, no están incluidos grafemas propios del castellano que él describe en otros lugares y que corresponden, como veremos, a fonemas no incluidos aquí, como /š, ḷ, ɲ/, etc.

4. *Tensión articulatoria.*

En las descripciones nebrisenses, existe aún otra clasificación, fundada en el rasgo de aspiración que deriva también del criterio grecolatino: consonantes no aspiradas/consonantes aspiradas. Pero esta taxonomía no abarca todos los fonemas de la misma serie, ya que dentro de las no aspiradas se encuadran, a su vez, otras dos clases de consonantes: las que hoy llamamos sordas y sonoras, y que para él van a ser más o menos "apretadas". Por lo tanto, Nebrija da paso al criterio de la tensión, que se entremezcla con el de la aspiración en el caso de las series que posean fonemas aspirados. Leyendo de nuevo los textos de Nebrija transcritos en los párrafos anteriores a), c) y e), deducimos que:

no aspiradas		aspiradas
apretadas	*medias*	*flojas*
p	b	ph
t	d	th
c	g	ch

La fonética experimental moderna ha corroborado plenamente esta clasificación: la diferencia entre p/b, t/d, k/g, además de ser de sonoridad es también de tensión: las sordas son fuertes, las sonoras, débiles. De este modo, la oposición *sorda/sonora* es concomitante con *fortis/lenis,* o, en la terminología nebrisense, *apretada/media.* Pero, una consonante aspirada tiene siempre menos tensión que cualquier consonante no aspirada. Siguiendo a G. Straka, podemos decir que, desde el punto de vista de la fuerza articulatoria, se establece la siguiente escala: "las consonantes sordas no aspiradas son las más fuertes; inmediatamente, vienen las sordas débiles, llamadas también "dulces" desonorizadas del tipo germánico *b, d, g*; las consonantes sonoras ("dulces") del tipo románico y eslavo son aún más débiles; por último, las sordas aspiradas son las más débiles" [106].

Cuando describe los sonidos del español, en los que no hay consonantes aspiradas, traduce el grado de tensión con los términos *floxo/apretado,* aplicándolo a /z/, /s/; /r/, /r̄/, y relacionándolo, en este caso, con la audibilidad: "Acontece a las letras ser floxas o apretadas, y por consiguiente, sonar poco o mucho" [107]. En el primer par, el grado de tensión coincide con el de sonoridad: /s/ = sordo, apretado; /z/ = sonoro, floxo; pero no en el segundo, donde la sonoridad es análoga, aunque sí es mayor la tensión en [r̄]: /r/ = floxo; /r̄/ = apretado.

5. *Haces de correlaciones.*

Las mudas forman, según la descripción de Nebrija, que sigue a Prisciano, como hemos visto más arriba, unos haces en los que se repiten los mismos rasgos:

---

[106] *Respiration et Phonation,* págs. 420-425.
[107] Capítulo V de las *RO.*

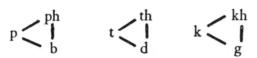

p/ph, t/th, k/kh por el rasgo de aspiración y de tensión (/p t k/ son apretadas, no aspiradas; /ph th kh/ son flojas, aspiradas); p/b, t/d, k/g por el rasgo de tensión: apretada/media; b/ph, d/th, g/kh también por el rasgo de tensión: media/floja.

2.7. LA FONOLOGÍA CASTELLANA, SEGÚN NEBRIJA.

Amado Alonso [108] afirma con razón que el centro de interés de Nebrija se polariza en resucitar el saber antiguo, en formular unas descripciones lo más exactas posibles de la pronunciación de las lenguas áulicas, concretamente del latín [109]. El pretender enseñar a sus contemporáneos cómo tenían que pronunciar su propia lengua era un tanto ocioso, pero mostrarles minuciosamente la pronunciación del latín, no lo era tanto: en primer lugar, por razones de orden didáctico; en segundo lugar, por un prurito de docto prestigio: puede ser más pasable cometer equivocaciones en la lengua vulgar que en la latina; en una ocasión, diría: "Permitamos antes que digan que no pronunciamos bien el español, que no que se burlen de nosotros ... queriendo parecer sabios en latín y cometien-

---

[108] *Examen de las noticias de Nebrija*, págs. 17-20.

[109] Sus observaciones sobre la pronunciación del latín fueron admirables: por ejemplo, como cita Louis Koukenheim, "Erasmo admite que los latinos debieron pronunciar las letras *c* y *g* como explosivas delante de *e* e *i*, lo que Nebrija había hecho observar ya treinta años antes" (*Contributions à l'histoire de la Grammaire grecque, latine et hebraïque à l'époque de la Renaissance*, pág. 60).

do mil barbarismos" [110]. En tercer lugar, creemos, que por poder mostrar la dignidad de la lengua vulgar que él quería instaurar en el mismo orden de valores que la clásica. Esta valoración de su lengua vulgar pretendía realizarla demostrando su filiación directa con la latina, haciendo ver que algunos de los cambios se habían efectuado dentro de nuestra misma lengua, pero que otros, eran debidos a influencias ajenas a ella.

Pero, en nuestra opinión, lo que más le interesa a Nebrija es fijar la ortografía: todos los castellanos pronuncian su lengua, pero la escriben mal, hay vacilaciones y malos usos: "Los días passados ... le dixe que esta razón de letras que agora teníamos en el vso del castellano, por la mayor parte estaua corrompida. No digo yo agora que las palabras antiguas se ouiessen de reformar en otras nueuas ... Mas digo que el día de oi ninguno puramente escriue nuestra lengua por falta de algunas letras que pronunciamos y no escreuimos; y otras, por el contrario, que escreuimos y no pronunciamos" [111]. Junto con el propósito de enmendar este defectuoso uso de la ortografía, está el de dotar al castellano de una ortografía digna de la universalidad espacial y temporal que el incipiente Imperio necesitaba. Porque tan importante es la difusión en ese momento de nuestra lengua, cuanto que en ella puedan quedar reflejadas para la posteridad las hazañas de sus hombres: "el primero inuentor de las letras, quien quiera que fue, miró quántas differentias de bozes avía en su lengua, y tantas figuras de letras hizo; por las quales, puestas en cierta orden, representó todas las palabras que quiso, assí para su memoria, como para hablar con los absentes y los que están por venir ... Y por esta causa

---

[110] Citado en FÉLIX G. OLMEDO, *Humanistas y pedagogos españoles*, página 74.

[111] *RO*, fol. 1 r.

pensé de poner algún remedio: assí para emendar lo que está escripto, como para lo que de ahí adelante se ouiere de escriuir" [112].

Además, es lógico que el castellano tenga problemas con el uso de sus letras, como los tuvo el latín [113] también. Lo que debemos hacer, según Nebrija, es remediarlos, como intentaron hacer los gramáticos de Roma, no del todo felizmente, como se desprende de las críticas del mismo Nebrija.

Su enfoque, excesivamente ortográfico y práctico, es el motivo de que desatienda la descripción exhaustiva del sistema fonológico de la época. Sin embargo, por sus alusiones, por sus indicaciones, más o menos exactas, se puede llegar a su conocimiento [114].

A continuación, enumeramos los fonemas en el castellano de la época y los grafemas que los representaban (entre paréntesis remitimos al párrafo correspondiente en el estudio ortográfico).

2.7.1. *Fonemas vocálicos.*

"Cinco vocales tiene el castellano: *a, e, i, o, u*" (*Gramática castellana*, pág. 30).

/i/: representado por *i, j, y* (§ 3.2.5)
/e/: representado por *e*
/a/: representado por *a*

---

[112] *RO*, fol. 2 r. y *GC*, pág. 17 y, en general, para toda la gramática, el *Prólogo* de la *GC*.

[113] Véase el cap. IV de la *GC*.

[114] Véase, en primer lugar, el trabajo de B. ESCUDERO DE JUANA, *La "Ortografía" de Nebrija comparada con la de los siglos XV, XVI y XVII*, y los estudios de A. ALONSO, *Examen de las noticias de Nebrija*, y el de F. TOLLIS, *L'ortographie du castillane d'après Villena et Nebrija*.

/o/: representado por *o*

/u/: representado por *u, v* (§ 3. 2. 1). Tollis le asigna también el grafema *b*[115] basándose en la siguiente afirmación de Nebrija: "También algunas vezes escreuimos *b* y pronunciamos *u* vocal como *cibdad, ciudad; debdo, deudo; recabdo, recaudo*"[116], pero en el cap. III de las mismas *Reglas de Orthographía*: "... en la edad de nuestros abuelos la *u* consonante latina boluian en *b,* como de *ciuitas* y *ciuis, cibdad* y *cibdadano;* y después nosotros la *b* boluimos en *u* vocal, diziendo *ciudad* y *ciudadano;* y assí de *debdo* y *debdor* hezimos *deuda* y *deudor*"[117]. Se trata de dos normas distintas de pronunciación que coexistían en la época, y aún durante mucho tiempo después[118], reflejándose ambas normas en una ortografía vacilante.

2. 7. 2.   *Fonemas consonánticos.*

/p/: representado por *p.*

/b/: representado por *b, u, v* (§ 3. 2. 1.).

/t/: representado por *t, th* (§ 3. 2. 12.).

/d/: representado por *d.*

/k/: representado por *c, q, qu* (+ *e, i*), *k̇.*

/g/: representado por *g* + (*a, o, u*); *gu* + (*e, i*).

/f/: representado por *f, ff, ph* (§ 3. 2. 12.).

/v/: representado por *v, u* (§ 3. 2. 1.).

/s/: representado por *-s, -ss-, s-* (§ 3. 2. 9.).

/z/: representado por *-s-.*

/š/: representado por *x* (§ 3. 2. 6.).

---

[115] *Op. cit.,* pág. 97.

[116] *RO,* fol. 9 v.

[117] Fol. 7 v.

[118] Véase AMADO ALONSO, *op. cit.,* pág. 78.

/h/: representado por *h* (§ 3. 2. 7.).
/ŝ/: representado por *c* + (*e*, *i*), *ç* (§ 3. 2. 3.).
/ẑ/: representado por *z* (§ 3. 2. 3.).
/ĉ/: representado por *ch* (§ 3. 2. 4.).
/ẑ̂/ o /ž/: representado por *g* + (*e*, *i*), *j* + (*a*, *o*, *u*),
 i + (*a*, *o*, *u*), (§ 3. 2. 5.).
/m/: representado por *m*, *n* + (*m*, *b*, *p*), (§ 3. 2. 12.).
/n/: representado por *n*.
/ɲ/: representado por *ñ*, *gn*, *nn* (§ 3. 2. 8.).
/l/: representado por *l*.
/ḷ/: representado por *ll* (§ 3. 2. 11.).
/r/: representado por -*r*, -*r*- (§ 3. 2. 10.).
/r̄/: representado por *r*-, -*rr*- (§ 3. 2. 10.).

2. 7. 3. *La sílaba.*

La "sílaba es un aiuntamiento de letras que se pueden coger en una herida de la boz i debaxo de un acento.
Digo aiuntamiento de letras, porque cuando las vocales
suenan por si sin se mezclar conlas consonantes, propria-
mente no son silabas" [119]. "Que la síllaba es ayuntamiento
de letras, las quales se pueden pronunciar en vn espiritu,
hiriendo la primera a la segunda, y la segunda a la tercera, y la tercera a la quarta, y como qujera que en latin
seis letras se pueden coger en vna síllaba, el castellano no
sufre más de quatro, y porque cuando las vocales suenan
por sí, hazen síllaba, aquello es impropria mente, porque
como diximos, la síllaba es ayuntamiento de letras' [120].

---

[119] *GC*, pág. 36. Prisciano: "Syllaba est comprehensio literarum conse-
quens sub uno accentu et uno spiritu prolata; abusive tamen etiam singula-
rum vocalium sonos syllabas nominamus. possumus tamen et sic definire
syllabam: syllaba est vox literalis, quae sub uno accentu et uno spiritu indis-
tanter profertur. a singulis tamen incipiens, non plus quam ad sex literas
procedere syllaba potest in Latino sermone, ut: 'a', 'ab', 'arx', 'mars', 'stans',
'stirps' " (pág. 44).
[120] *RO*, fol. 3 r. *Diffinición sexta.*

Aristóteles la definió del siguiente modo: "La sílaba es un sonido carente de significación, compuesto de una letra muda y de una letra que tiene sonido, ya que el sonido *gr* sin *a* es una sílaba, igual que lo es con la *a*, formando, por ejemplo el sonido *gra*" [121]; y Dionisio de Tracia: Συλλαβή ἐστι κυρίως σύλληψις συμφώνων μετά φωνήεντος ἢ φωνηέντων, οἷον καρ, βοῦς καταχρηστικῶς δὲ καὶ ἐξ ἑνὸς φωνήεντος οἷον α η" [122], y también como σύλληψις φθόγγων συμφώνων μετά φωνήεντος ἢ φωνήεντος ὑφ᾽ ἕνα τόνον καί ἕν πνεῦμα ἀδιαστάτως ἀγομένη" [123], concibiendo la sílaba como una unidad espiratoria, y como un reagrupamiento de fonemas, criterio que es seguido por Nebrija.

Si la sílaba está formada por una sola vocal, es una *sílaba impropia*. Debe tener una vocal o dos, y alguna o algunas consonantes: "puede tener dos; como *ra*; puede tener tres, como *tra*, puede tener cuatro, como *tras*, puede tener cinco, si dos vocales se cogen en diphthongo, como en la primera sílaba de *treinta*; de manera que una sílaba no puede tener más de tres consonantes, dos antes de la vocal i una despues della" [124].

2.7.4. La división silábica.

Muy pocos datos obtenemos de Nebrija sobre la división silábica.

1.: VCV → V-CV. "Si en alguna dición caiere una consonante entre dos vocales, siempre la arrimaremos a

---

[121] *Poética*, Madrid, Aguilar, 1966, pág. 78.

[122] Citado por COLLART, *op. cit.*, pág. 77.

[123] Citado por B. HÁLA, *La sílaba: su naturaleza, su origen, sus transformaciones*, 2ª ed., 1973, pág. 7.

[124] *GC*, pág. 36.

la vocal siguiente, salvo si aquella dición es compuesta, por que entonces daremos la consonante a la vocal cuia era antes dela composición: como esta palabra *enemigo,* es compuesta de *en* i *amigo,* es cierto que la *n* pertenece a la vocal primera i se desata de la siguiente, i assí la tenemos de escrivir, deletrear y pronunciar"[125]. En las *Reglas de Orthographía,* da el ejemplo *desamo,* que divide en *des* y *amo*[126].

2.: VCCV → VC-CV, V-CCV. "Pero si entre dos vocales vienen dos consonantes o más, o todas ellas pertenecen a la vocal siguiente, o parte dellas"[127].

3.: lat. CCCV- → esp. eC-CCV-. "Enel castellano nunca pueden estar antes dela vocal mas de dos consonantes ... cuando bolvemos de latin en romance las diçiones que comiençan en tres consonantes i algunas vezes las que tienen dos, anteponemos *e*": 'scribo' → *escrivo,* 'stratum' → *estrado,* 'smaragdus' → *esmeralda*[128], y en las *Reglas de Orthographía* repite el mismo enunciado, dando un nuevo ejemplo: 'Strabon' → *Estrabón*[129].

4. Como consecuencia de lo anterior, "nunca [puede haber] mas de tres [consonantes] entre dos vocales"[130], y la división será: VCCCV → VC-CCV.

5. "En dos consonantes ninguna dición acaba, salvo si pronunciamos como algunos escriven: *segund* por *segun* i *cient* por *ciento, grand* por *grande*"[131].

---

[125] *GC,* pág. 32.
[126] *RO,* fol. 11 v.
[127] *RO,* fol. 11 v.
[128] *GC,* págs. 32-33.
[129] *RO,* fol. 11 v.
[130] *GC,* pág. 32.
[131] *GC,* pág. 33.

2.7.5. *Secuencias vocálicas.*

Las "vocales, cuando se aiuntan i cuajan entre si" forman un diptongo. "Diphthongo llaman los griegos cuando en una sílaba se arrebatan dos vocales; i llamase assi por que, como quiera que sea una silaba, haze en ella dos heridas" [132]. "Quel diphthongo es ayuntamiento de dos vocales que se cogen en vna síllaba y pronuncian en vn acento, no como las consonantes, hiriendo la vna a la otra, mas sonando cada vna por sí, como diziendo *causa* la *a* y la *u* haze vna síllaba y pronúnciase debaxo de vna herida y acento; ... destos el castellano [tiene] doze" [133].

Los triptongos enumerados por Nebrija son:

> iai: *aiais, vaiais, espaciais.*
> iei: *ensuzieis, desmaieis, alivieis.*
> iue: *poiuelo, arroiuelo, hoiuelo.*
> uai: *guai, aguaitar.*
> uei: *buei, bueitre.*

Se produce, como vemos, una confusión entre *i* con valor de consonante palatal y con el de vocal en realización silábica prenuclear. No son triptongos: los ejemplos de *iue*, ni *aiais, vaiais, desmaieis.*

El castellano tiene doce diptongos, según Nebrija. Estos diptongos son, podríamos decir, los normativos, los formados por las vocales altas /i, u/ y las medias o bajas /e, a, o/, pero nunca formarán un diptongo, las secuencias que se originen entre estas tres vocales. Los diptongos nebrisenses serán, por lo tanto:

---

[132] *GC*, pág. 30.
[133] *RO*, fol. 3 r. *Diffinición séptima.*

$$i + \begin{Bmatrix} e \\ a \\ o \end{Bmatrix} \quad \begin{Bmatrix} e \\ a \\ o \end{Bmatrix} + i \qquad u + \begin{Bmatrix} e \\ a \\ (o) \end{Bmatrix} \quad \begin{Bmatrix} e \\ a \\ (o) \end{Bmatrix} + u \qquad \begin{matrix} i + u \\ u + i \end{matrix}$$

("La *u* con la *o* mui pocas vezes se puede aiuntar por diphthongo, i con diphthongo nunca") [134].

Pero las secuencias de estas vocales pueden ser tautosilábicas, esto es, formando diptongo, o heterosilábicas, constituyendo hiato. Son interesantes los ejemplos que aduce, en los que se ve cómo en la época aún formaban secuencias heterosilábicas vocales que hoy constituyen diptongos. De este modo, tenemos:

Diptongo	*Hiato*
gaita	vaina
baile	caida
causa	laud
caudal	ataud
lei	reir
pleito	leiste
deudor	leudar
reuma	reuntar
malicia	día
miedo	fiel
viento	riel
dios, precio	río, mío
biuda, ciudad	viuela, piuela
soi, doi	oido, roido
agua, cuanto	rua, pua
cuerpo, muerto	——, ——
cuidado, cuita	huida, Luis

---

[134] *GC*, pág. 30.

2.7.6. *Secuencias consonánticas.*

Del capítulo ix de las *Reglas de Orthographía* [135], y también del ix de la *Gramática castellana* [136], deducimos el cuadro siguiente (en él, + = secuencia formada por columna + fila; x = la secuencia aparece en palabra latina; * = la secuencia aparece en "dicción peregrina"):

	p	b	t	d	k	g	f	s	m
p								+	
b								+	
t	x*				x*			+	
d		*						+	
k								+	
s	*								
m			*	*	*	x		+	
n	*		*	*	*	x			x*
l	+	+	*	*	+	+	+	+	
r	+	+	+	+	+	+	+		

Los ejemplos que aduce son los siguientes:

(+)   /p/ + /l, r/: *simple, siempre, plaça, prado.*
(x)   + /t/:   *escriptura, ruptura, septa.*

---

[135] Fols. 11 r. y v. y 12 r.

[136] Págs. 31-34. En contra de lo afirmado por Galindo y Ortiz, PRISCIANO habla en las págs. 37-43, *De ordine literarum.*

(*)		+ /t/:	*"Ptolomeus* nombre proprio".
(*)		+ /s/:	*psalmus* por 'canto'.
(*)		+ /n/:	*pneuma* por 'espiritu'.
(+)	/b/	+ /l, r/:	*habla, obra, blanco, braço.*
(*)		+ /d/:	*bdelium* 'cierto arbol i genero de goma', *Abdera* 'ciudad de Thracia'.
(+)	/t/	+ /r/:	*letra, trabajo.*
(*)		+ /m/:	*Tmolo,* 'monte de Cilicia'.
(*)		+ /n/:	*Etna* por Mongibel monte de Sicilia.
(*)		+ /l/:	*Tlepolemo* por un hijo de "Ercules".
(+)	/d/	+ /r/:	*ladrón, Pedro, drago.*
(*)		+ /m/:	*Admeto,* nombre propio.
(*)		+ /n/:	*Cidnus,* nombre de un río.
(*)		+ /l/:	*Abodlas,* nombre de un río.
(+)	/k/	+ /r, l/:	*esclarescido, escriuo, claro, creo.*
(x)		+ /t/:	*docto, perfecto.*
(*)		+ /t/:	*Ctesiphon,* nombre proprio.
(*)		+ /m/:	*Piracmon,* nombre proprio.
(*)		+ /n/:	*aracne* por el araña.
(+, x)	/g/	+ /r, l/:	*siglo, negro, gloria, gratia.*
(x)		+ /m/:	*agmen* por muchedumbre.
(x)		+ /n/:	*agnosco* por reconocer, *digno, signo.*
(+)	/f/	+ /r, l/:	*afloxar, cifra, flaco, franco.*
(x, *)	/m/	+ /n/:	*condemno, solemne, mna* por cierta moneda, *amnis* por el río.

Evidentemente, faltan muchas secuencias consonánticas, pero debemos notar que: 1º Las secuencias consonánticas para él más nítidas, o propias, si empleamos su lenguaje, son las de oclusiva y /f/ más líquida (con excepción de /tl, dl/), que son las que pueden formar margen silábico prenuclear. 2º Otras secuencias, como /pt, kt, gm, gn, mn/ son propias de los latinismos. 3º El resto de las secuencias "peregrinas" /ps, pn, bd .../ o son nombres propios, o son helenismos, que también son peregrinos para él. Muestra especial cuidado en distinguir en una secuencia como /pt/ si se trata de un latinismo (*escriptura,* por ejemplo) o de una "dicción peregrina" (*Ptolomeus*).

Hay dos afirmaciones contradictorias: "La *l* nunca se pone delante de otra consonante, antes ella se puede seguir alas otras" [137]; "la *s* enel castellano en ninguna dición se puede poner enel comienço con otra consonante, enel medio puedese juntar con *b, c, l, m, p, q, t*" [138]. Esta última afirmación está omitida en las *Reglas de Orthographía.* Es una pena que el gramático sevillano no haya sido más explícito en éste, como en otros puntos, pues evidentemente poseía una exquisita capacidad de observación. ¿Es que no había palabras con /lt/ en castellano? Él mismo emplea *altura, alteza,* etc. Opinamos que lo que Nebrija quiere describir es la sucesión de consonantes que se pueden dar en una sílaba; por eso, da en primer lugar, y como puramente castellanas las que hemos marcado con (+); el resto, son secuencias no castellanas, y como ejemplo las anota, independientemente de su configuración silábica. La alusión sobre las secuencias con *s* es una aclaración, después de decir que nunca puede estar en el comienzo seguida de otra consonante.

Realmente, no le queda a Nebrija ningún otro grupo consonántico que pueda formar sílaba, ya que tiende a reducir el grupo *ns* a *s.*

2.7.7. *Fonosintaxis.*

Algunas observaciones de fonética sintáctica se encuentran en el gramático andaluz. Así, en el capítulo VII de las *Reglas de Orthographía,* nos indica:

---

[137] *GC,* pág. 33 y *RO,* fol. 11 v.
[138] *GC,* pág. 30.

a) la pronunciación *quel,* formada de *que + el*: "como diziendo: *despues quel pintor del mundo,* de *que* y *el* hezimos vna syllaba, y diximos *quel*";

b) la realización [a], resultante de [-o + a-]: "podíamos escreuir *es nuestro amigo,* y pronunciar *nuestramigo*";

c) el resultado [ḷ] procedente de [-r + l-] en las secuencias "infinitivo + pronombre enclítico": "Mudamos también la *r* final del infinitivo en *l,* y con la *l* del nombre relativo *le, lo, la, les, los, las,* pronunciamos aquel son que diximos ser proprio de nuestra lengua, y por dezir *a Dios deuemos amarlo* y *amarle,* dezimos *amalle* y *amallo*; y a los santos *honrralles* y *honrrallos,* por *honrrarles* y *honrrarlos*".

d) Al hablar de la distinción /s/ - /z/, en el Capítulo v de las *Reglas de Orthographía,* menciona el caso de /s-/ que sigue manteniéndose sordo aun cuando quede en posición intervocálica; es decir, que *fuese* (fue + se) seguirá siendo /s/, lo mismo que en *fuesse* (del verbo *ser*); las dos: /fuése/: "y acontece que vna mesma palabra, y pronunciada en vna mesma manera, se puede escreuir a las vezes con vna *s* senzilla, a las vezes con doblada *s,* como diziendo: *fuese,* que es pretérito de *vo, fue* en el indicativo, y *fuesse,* de *so, fue* en el optativo y subiunctivo, como si dizes *fuese el mensajero,* porque el primero *fuese* es compuesto de *fue* y *se,* y porque la *s* está en comienço de palabra suena como doblada; el segundo *fuesse* es vna palabra, y para sonar apretada, escriuese con dos *ss*; y assí en otros muchos, como *ámase* y *amásse, enséñase* y *enseñásse*".

2.7.8. *Cantidad.*

Uno de los "accidentes" de la sílaba es la *longura en tiempo* (los otros dos son: "número de letras" y "altura

i baxura en acento", del que trataremos más adelante).
Esta cantidad puede ser *breve* o *larga*: "Tiene esso mesmo la silaba longura de tiempo por que unas son cortas
i otras luengas, lo cual sienten la lengua griega i latina,
i llaman silabas cortas i breves alas que gastan un tiempo
en su pronunciacion, luengas alas que gastan dos tiempos:
como diziendo *corpora,* la primera silaba es luenga, las
dos siguientes breves, assi que tanto tiempo se gasta en
pronunciar la primera silaba como las dos siguientes. Mas
el castellano no puede sentir esta diferencia, ni los que
componen versos pueden distinguir las silabas luengas
delas breves" [139].

Dionisio de Tracia distinguió ya entre sílabas largas
(μακραί), breves (βραχεῖαι) e indiferentes (κοιναί) [140].
La cantidad fue, al parecer, un fenómeno ligado a la naturaleza de la sílaba más que a la de la vocal núcleo silábico, lo que es explicable desde un punto de vista mé-
trico, donde la cantidad funcionaba a pleno rendimiento.

2.7.9. *Acento.*

El prosodema acentual fue ya considerado por los gramáticos griegos. Dionisio distinguía tres acentos (τόνοι):
el agudo (ὀξύς), el grave (βαρύς) y el circunflejo (πε-
ριστωμένος) [141]. Aristóteles señaló en las diferencias de
las letras el ser agudas, graves o intermedias [142]. Nebrija
trata prolijamente el acento en los capítulos II, III y IV del
Libro II de la *Gramática castellana* [143] que trata de la
prosodia y de la sílaba, y como introducción a la métrica,

---

[139] *GC*, pág. 37.
[140] Citado por COLLART, *op. cit.,* pág. 77.
[141] Citado por COLLART, *op. cit.,* pág. 70.
[142] *Poética,* ed. de GARCÍA YEBRA, pág. 199.
[143] Págs. 37-43.

que comienza en el capítulo v. En las *Reglas de Orthographía,* no trató ni de la cantidad ni del acento, señal
de que él los consideraba en un nivel de análisis distinto
al de la ortografía. En ortografías posteriores de otros gramáticos, tampoco se recogen.

Comienza definiendo: "Prosodia en griego, sacando
palabra de palabra, quiere decir en latín acento, en castellano casi canto, porque, como dice Boecio enla *Musica,*
el que habla, que es oficio proprio del hombre, i el que
reza versos, que llamamos poeta, i el que canta, que dezimos músico, todos cantan en su manera" ... "I assi el
que habla, por que alça unas sílabas y abaxa otras, en
alguna manera canta" [144]. El término *prosodia* se usaba
normalmente para referirse a los fenómenos acentuales,
pero en Aristóteles toma un valor más amplio, pasando
a designar el conjunto de propiedades del sonido, entre
ellas la altura. Este sentido amplio de prosodia es el que
llegó a ser clásico en el mundo occidental, abarcando
incluso la ortofonética [145].

El castellano tiene, para Nebrija dos acentos simples:
"uno por el cual la voz se alça, que llamamos agudo; otro,
por el cual la sílaba se abaxa, que llamamos grave. Como
enesta dicion *señor,* la primera sílaba es grave, i la segunda aguda; i, por consiguiente, la primera se pronuncia
por acento grave, y la segunda por acento agudo" [146].

El prosodema acentual pone de relieve una sílaba,
pero afecta directamente a la vocal que es el centro de la
sílaba. Por eso, cuando en la palabra no hay secuencias
vocálicas tautosilábicas, sólo se producen los dos tipos de
acento "simple" antes señalados. Pero, para Nebrija la

---

[144] *GC,* págs. 37-38.

[145] La Gramática de la *RAE* la define: "Prosodia es la parte de la *Gramática* que enseña la recta pronunciación y acentuación de las letras, sílabas
y palabras", Madrid, 1959, pág. 447.

[146] *GC,* pág. 38.

cuestión se complica cuando aparecen los diptongos y triptongos, porque entonces necesita dar entrada a los tres tipos de acentos considerados, generalmente, por la gramática áulica: "Otros tres acentos tiene nuestra lengua compuestos, sola mente en los diphthongos: el primero, de aguda i grave, que podemos llamar deflexo, como enla primera silaba de *cáusa*; el segundo de grave i agudo, que podemos llamar *inflexo* [147], como enla primera silaba de *vìento*; el tercero de grave, agudo i grave, que podemos llamar circunflexo, como en esta dicion de una silaba *bùéì*".

Después de esta caracterización, Nebrija da seis reglas sobre la situación del acento en la palabra:

1. Cualquier palabra, en cualquier lengua, tiene "una silaba alta que se enseñorea sobre las otras, la cual pronunciamos por acento agudo, i que todas las otras se pronuncian por acento grave".

2. "Todas las palabras de nuestra lengua comun mente tienen el acento agudo en la penultima silaba; i en las diciones barbaras o cortadas del latin, enla ultima silaba muchas veces, i mui pocas en la tercera contando desde el fin". Indica, basándose sólo en la observación, el orden de frecuencia de nuestros patrones acentuales, que de mayor a menor es: paroxítono, oxítono y proparoxítono.

3. "Cuando alguna dicion tuviere el acento indiferente a grave i agudo, avemos de terminar esta confusion i causa de error, poniendo encima de la silaba que a de tener el acento agudo un rasguito". Es la función distintiva del acento desde el punto de vista ortográfico. Reproduciendo su ejemplo, *amo* es indiferente a *io ámo* y *alguno amó*.

---

[147] Término tomado probablemente de Diomedes, pág. 431.

4. La cuarta y quinta reglas se refieren al acento en los diptongos. Este acento, el agudo para Nebrija, debe recaer en el núcleo silábico; por lo tanto, cuando éste ocupe en el diptongo el segundo lugar, es decir, en los diptongos llamados crecientes, la primera vocal es grave y la segunda aguda: el acento es inflexo como en: *codicià, codicìé, codicìó, cùándo, fùérte*; por el contrario, cuando ocupe el primer lugar, en los diptongos decrecientes, la primera es aguda y la segunda grave: el acento es deflexo, como en *gáita, véinte, ói, múi, cáusa, déudo, bíuda*.

5. La sexta regla se refiere al triptongo: como el núcleo silábico está en el centro, la vocal que lo sustenta será la aguda, y las otras dos, que son márgenes, graves: el acento será, por consiguiente, circunflejo: *buêi, buêitre* [148].

Los capítulos tercero y cuarto están dedicados a las reglas que deben regir la acentuación del verbo y las otras partes de la oración, respectivamente. Estas reglas son muy generales y de escaso valor. Entresacamos lo más importante: la mayoría de las palabras terminadas en *a, e, o* son paroxítonas, con una serie de excepciones en cada uno de los otros dos patrones; las terminadas en *i* son oxítonas. Las terminadas en *l, d, r, x, z,* son oxítonas, pero también las terminadas en *n, s.* En todos los casos señala excepciones.

---

[148] Estas reglas están comprendidas entre las págs. 38-40, de la mencionada *GC*.

ASPECTO ORTOGRÁFICO

3.1. Criterio ortográfico de Nebrija.

Todo el empeño de Nebrija se centra en dotar al castellano de un sistema gráfico unívoco: cada letra debe responder a un fonema y sólo a uno. Por ello, cada signo gráfico tendrá un solo "oficio": aquel que tiene como suyo propio, el que le fue encomendado en su origen. La antiplurivalencia gráfica de nuestro gramático resulta a todas luces evidente: el castellano toma su alfabeto del latín. En esta lengua, su empleo ya no era muy ortodoxo, según él mismo critica en el capítulo IV de la *Gramática,* y cuando se trasvasa a nuestro romance, aumentan las inexactitudes, al multiplicar los oficios que es menester adjudicar a las mismas letras, pues se trata, evidentemente, del sistema gráfico de una estructura fonológica aplicado a otra estructura fonológica. Por otra parte, existe una cuestión de principio en la univocidad y relación letra-fonema, que explica muy claramente Amado Alonso: "Los conceptos del entendimiento responden a las cosas, las palabras responden a los conceptos del entendimiento, los sonidos responden a las palabras que forman, *y las figuras de las letras son imágenes de los sonidos.* Dicho de otro modo, entre el significante y el significado, entre la letra y su sonido existe (en su origen) una relación de naturaleza, no de mera convención. Esto es algo más que una de las respuestas al viejo pleito socrático (*Crá-*

tilo); es la herencia de la filosofía escolástica que, buscando la harmonización universal de todos los conocimientos, veía la instancia última del lenguaje no en la justificación de las formas por sí mismas ("En la lengua, todo es forma, nada es sustancia", SAUSSURE), sino en la adecuación entre el lenguaje y la realidad; en la verdad que tiene siempre su base en Dios"[1].

Son varias las citas de Nebrija que podríamos traer a colación: "las figuras de las letras han de responder a las voces" (Principio primero); "las letras, y las bozes, y los conceptos, y las cosas dellos han de concordar" (idem); "no tienen otro vso las figuras de las letras, sino representar aquellas bozes que en ellas depositamos ..., y que, si algunas se escriuen que no se pronuncian, o, por el contrario, algo se pronuncia de lo que no está escripto, esto será por necessidad de no auer figuras de letras para señalar todo lo que se puede hablar" (Principio segundo); "Que la diuersidad de las letras no está en las figuras dellas, sino en la diuersidad de la pronunciación" (Principio tercero); "cada lengua tiene ciertas y determinadas bozes, y, por consiguiente, ha de tener otras tantas figuras de letras para las representar" (Principio cuarto), etc.

¿Cómo pretende realizar la reforma Nebrija? Creando nuevas letras, que son necesarias, y suprimiendo las que son ociosas: del latín, tomamos prestadas veintitrés letras, pero sólo hay doce que tengan un solo oficio: *a, b, d, e, f, m, o, p, r, s, t, z.* Las demás son polivalentes o son inútiles. Examinemos sus criterios:

1. El grafema *c* tiene tres oficios: uno propio: *c + a, o, u*; otros dos, prestados: *ç* y *ch*. Por ello, sería conveniente que *ç* pasase a ser letra y para representar el valor de *ch*, usar esta misma combinación de letras, pero con

---

[1] *Examen de las noticias de Nebrija*, págs. 5-6.

tilde. Es decir, que para representar /k/ se podría usar siempre *c*: *ca, ce* /ke/, *ci* /ki/, *co, cu*; para representar /ŝ/, siempre *ç*, y para /ĉ/, siempre *ch* con tilde. De este modo, quedaban sobrantes *q* y *k̦*, que junto a *c* eran tres letras para una sola función.

2. El grafema *g* tiene dos valores: uno, propio: *g* + *a, o, u*, otro prestado: *g* + *e, i*. La letra *i* también tiene dos valores: uno propio, como vocal, y otro que coincide con el prestado de *g*: *i* + *a, o, u*. Nebrija propone: para el valor de /g/, *g* y para el de /ẑ/ o /ž/, valores prestados de *g, i*, la *i* consonante o *i* luenga: *j*.

3. El grafema *h* tiene un solo oficio propio: el que sirve para representar /h/ < f- latina. Los otros son más bien oficios impropios porque: a) se usa, con valor de cero fónico para representar la *h*- de las palabras latinas; b) se emplea en la combinación *h* + *u* + *vocal* para indicar que *u* es vocal y no consonante, lo que no sería "menester si las dos fuerças que tiene la *u* distinguimos por estas dos figuras *u, v*" [2].

4. El grafema *l* tiene dos valores, correspondientes a: /l/, *l* y a /ḷ/, *l doblada*. Solución: dar a la variante *l doblada* de *l* la categoría de letra.

5. El grafema *n* tiene también dos oficios: uno, propio: *n*, y otro ajeno: *nn* o *ñ*. La solución es la misma que para el caso anterior: para /n/, *n* y para /ɲ/, *ñ* (o *gn*, en la *Gramática castellana*).

6. El grafema *u*, también con dos oficios: uno, propio, de vocal, como en *uno, uso*, otro prestado, de consonante, en las secuencias *u* + *vocal*. Para estos dos usos, se podrían emplear, según señalamos en el anterior punto 3, *u* o *v*,

---

[2] *GC*, pág. 24.

pero Nebrija no señala una función clara para cada uno de ellos.

7. El grafema *x* tenía en latín el valor de *cs* pero en el sistema fonológico de Nebrija representa /š/, por lo que conviene señalarlo con "*x* + tilde", según el gramático andaluz.

En resumen, el nuevo sistema gráfico de Nebrija resulta del reajuste siguiente:

a) eliminación de los grafemas *q*, *k*, *y*.

b) cuatro signos que se consideran alografemas de *c*, *l*, *n*, pasan al rango de grafemas propios: *ç*, *ll*, *ñ*, *ch* con tilde;

c) adjudicar a *j*, variante larga de *i*, los valores prestados de *g* (+ e, i) y de *i* (+ a, o, u);

d) emplear *u* consonante en el oficio prestado de *u*, en las secuencias *u* + *vocal*;

e) modificar *x*, añadiéndole tilde para representar el valor que tiene en castellano.

Estos reajustes pueden resumirse en el siguiente cuadro:

ALFABETO USADO EN LA ÉPOCA		REFORMA DE NEBRIJA	
letras	oficios	en *GC*	en *RO*
a	1	a	a
b	1	b	b
c	3: propio: c + a, o, u	c	c
	prestado: ç	ç	ç
	" : ch	ch + tilde	ch + tilde
d	1	d	d
e	1	e	e
f	1	f	f

Alfabeto usado en la época		Reforma de Nebrija	
letras	oficios	en *GC*	en *RO*
g	2: propio: g + a, o, u prestado: g + e, i	g j	g i cons. = j
h	3: propio *h* (= cero fónico) h + u + vocal (*u* = vocal) aspiración	h	h
i	2: propio: vocal prestado: (~ g + e, i): i + a, o, u	i j	i vocal i cons. = j
k	ocioso		
l	2: propio: *l* ajeno: *ll* (*l* doblada)	l ll	l ll
m	l	m	m
n	2: propio: *n* ajeno: *nn* o *ñ*	n ñ, gn	n ñ
o	l	o	o
p	l	p	p
q	ocioso		
r	l	r	r
s	l	s	s
t	l	t	t
u	3: propio: vocal prestado: u + vocal tercer oficio: "*u* muerta": q + u + e, i.	v (?) u (?)	u vocal u consonante
x	l	x + tilde	x
y	ocioso		
z	l	z	z

3. 2. El uso ortográfico
en las «Reglas de Orthographía».

No hay una correspondencia exacta entre la teoría propuesta por Nebrija en sus *Reglas* y su ortografía. Es cierto que en su obra formula unas bases que luego no puede explotar porque aún no han sido universalmente admitidas, pero de todos modos, existen discrepancias, como veremos más adelante, que ya podía haber subsanado. El que se mantengan es debido unas veces al peso de la tradición, otras al influjo grecolatino, y otras, en fin, a los hábitos tipográficos, que introducirían modificaciones no imputables al autor.

A continuación, examinamos el uso de los grafemas en las *Reglas de Orthographía* de Antonio de Nebrija.

3. 2. 1. *Grafemas* b, v, u.

En las *Reglas de Orthographía,* está sistematizado el uso de *b, v, u;* sólo existen algunas excepciones que señalaremos más adelante. Según los editores de la *Gramática castellana,* en esta obra es más caótico el empleo de los mencionados grafemas. Realmente, no hay indicaciones teóricas precisas para *b, v* en ninguna de las dos obras. Sí las hay para *u,* y creemos que hay que partir de este grafema para la sistematización de los tres.

Como dice Nebrija, *u* tiene tres oficios: a) cuando suena como vocal: *vno, vso, causa, bueno, cuerpo*; sería su oficio propio; b) otro, prestado, "cuando hiere la vocal", es decir, cuando forma sílaba con ella, o cuando a *u* le sigue *r* (fol. 12 r.); es decir, "cuando se pone en lugar de consonante" (cap. VI); c) el tercero es el de la *u* "muerta" en las secuencias *qu + e, i* o *gu + e, i.*

Además, en otra parte (fol. 7 r.), nos da una distribución complementaria de su uso: cuando la *u* inicial precede a una vocal, es consonante; en los demás sitios, es vocal [3], teniendo distintas "figuras" para su representación: "vna [figura] redonda de que vsamos en el comienço de las palabras, y otra de que en el medio dellas" [4]. Se refiere, evidentemente, a las dos formas del mismo signo: la normal, *u* y la redondeada, *v*.

El grafema *b* se usa siempre que precede a *l* o *r* (fol. 11 r.).

Resumiendo, podemos decir que:

1. En principio de palabra, usa la grafía *v* cuando:

a) se corresponde con nuestra grafía *v* actual (fonema /b/): *verso* [5], *vengo, vocal, venir, vez, vale, valiesse, vengamos, vezindad, voluntad, variar, veo, veamos, vano, vida, vía, vedó, verdadera, viento, vuestra, votos, vemos, varones, venció, virtudes, veruos* (8 v.), *verbos* (10 v.).

Como excepción hay que destacar: a) *boz* empleada sistemáticamente en la obra (fols. 8 v., 2 r., 1 v., etc.) frente a *voz* empleada dos veces sólo (fols. 8 v. y 9 r.); b) las formas *buelue* (10 v.), *boluemos* (8 r.), *boluiessen* (7 v.), *boluían* (7 v.), *boluimos* (7 v.). Generalmente, en la época se usa *b-* ante *o, ue,* o por una aparente disimilación del tipo *b-b > b-u, v-v > b-u* o *v-b > b-u* [6].

---

[3] ... "pues que aquella [*u*] de que vsamos en los comienços si se sigue vocal siempre es allí consonante, vsemos della como de consonante, quedando la otra por vocal en todos los otros lugares" (fol. 7 r.).

[4] Fol. 7 r.

[5] Los ejemplos que damos se repiten varias veces y son sistemáticos.

[6] Para los problemas *b, v,* véase R. J. Cuervo, *Disquisiciones sobre antigua ortografía y pronunciación castellanas,* en *Obras,* II, Bogotá, 1954, especialmente, págs. 348-361; Amado Alonso, *La B y la V,* en *De la pronunciación medieval a la moderna en español,* págs. 23-72; Dámaso Alonso, B = V, *en la Península Hispánica,* en *La fragmentación fonética peninsular.*

b) se usa con valor de *u*: *vsamos, vna, vno, vn, vsar, vso, vltimas, vtilidad*. Como única excepción, hay que señalar *uso* (2 r.).

2. Usa la grafía *b*:

a) en principio de palabra, además de los casos *buelue*, etc., señalados anteriormente, en: *braço, boz, balax, beços, buen, boca*.

b) en medio de palabra: *verbos* (10 v., frente a *veruos*, 8 v.), *syllaba, rescebido, abuelos, recebimos, recibió, e[n]buelto, debaxo, hombre, hablar, liberalidad, trabajo, sabio, alabar, embiar*.

3. Usa la grafía *u*, en posición medial:

a) cuando equivale a *b*: *aura, aure, auria, auemos, auer, auian* y *aujan* (4 v.), *auía, mudauamos, veruos, escriua, aráuiga, prouar, escreuir, escriuas, escriuimos, descreuir, arriua, ceuada, estaua, formaua, faltaua, deue*.

Como excepción, hay que señalar *auía* (2 r.), y las formas *avn* (7 v., también *a vn*, 1 v.) y *avnque*, quizá por falsa influencia de *vn*.

b) cuando equivale a nuestra *v* actual: *buelue, indicatiuo, imperatiuo, siruo, siruamos, aliuie, diuersos, diuersidad, graue, boluemos, conuençe, optatiuo, subiunctiuo, diuersifican, boluiessen, boluían, boluimos, nueua, entreuiene, nouedad, marauillemos, saluo, diuerso, inuentor, seruir, siruen, sirue, proueer, auentura, fauorable, inuención, nueue, nauigación, prouecho, auaricia, inuentores, aprouechamos, touo, touieron, enconueniente, conseruar, saluador, euangelista, atrauessada, trauessada, semiuocal, reuelación, diuina, mouían, aliuie*.

Ante esta distribución de los grafemas, hemos optado por respetar *v-* y *-u-*, reflejando también los casos en que se separan de la norma, y que, en el caso de *b* coinciden, casi siempre, con un uso correcto del grafema.

3.2.2. *Grafemas* c, q, *con valor* /k/.

Pese a acusar de superflua nuestra grafía *q,* siempre
la usa en la secuencia *qu* + vocal: *que, quatro, qualquiera,* pasando *c* a la secuencia *c* + *a, o, u.*

3.2.3. *Grafemas* c, ç, z.

Con valor de /ŝ/, usa la grafía *c* ante *e, i* y *ç* ante *a,
o, u.* Anotamos como excepciones: una vez *çerilla* y *çeuada* (5 r.), al hablar del diacrítico, frente a *cerilla* (6 r.),
pareçerá dos veces.

Con valor de /ẑ/, usa la grafía *z.* Por otra parte, hay
que señalar que su uso es etimológicamente correcto, bien
por representar una normal evolución fonológica, un cul-
tismo o semicultismo o un caso de confusión sorda-sonora
consolidado en la lengua. El signo *ç* triunfa ya en la época
de Alfonso X el Sabio, y utilizado con valor distinto al
de *z* se afirma y generaliza desde el mismo Poema de
Mio Çid.

Algunos ejemplos: a) Representando /ŝ/, grafía *c,
ç: merced, intercessor, necessidad, tercero, acontece, ceuada, cerilla, acento, conceptos, pronunciación, príncipes, codiciosos, inuención, cinco, sciencia, diffinición, ciudad, al-
cançar, endereçar, comienço, traço, pareçerá, coraçón, çarça, beço, braço, mudança, açada, conuençe.*

b) Representando /ẑ/, grafía *z: razón, hazañas, hizo,
limpieza, bozes, hazen, diziendo, dize, vezes, senzillas, vezindad, doze, quatorze reduzir.* Y en posición postnuclear
juzgar, boz, mezclar, vez.

3.2.4. *Grafema* ch.

En las *Reglas de Orthographía* no aparece nunca con
tilde, como pide tanto en esta obra (cap. IV) como en la

Gramática castellana (pág. 25) para darle valor fónico propio del castellano, y distinguirlo del de otras lenguas.

3.2.5.   *Grafemas* i, y, j, g.

La grafía *i* tiene dos empleos según el criterio expuesto por Nebrija: 1º vocal; 2º consonante en las secuencias *i* + *a, o, u* (fol. 5 v.), en las que coincide con el valor de *g* + *e, i* (fol. 6 v.).

La grafía *y* es "siempre vocal" (fol. 6 v.). Tiene la misma fuerza y sonido que "la *i* latina, saluo si queremos vsar della en los lugares donde podría venir en duda si la *i* es vocal o consonante, como escriuiendo *raya, ayo, yunta*. Si pusiessemos *i* latina diría otra cosa mui diuersa: *raia, aio, iunta*" (fol. 5 r.).

La grafía *j*, o "*i* luenga", podría usarse, según nuestro gramático, para representar los oficios que no son propios de *g* y de *i*, es decir, cuando representasen la palatal sonora (fol. 6 v.).

La grafía *g* tiene dos funciones: una cuando precede a *e, i*, como dijimos antes, y otra cuando va seguida de *a, o, u.*

Las grafías recogidas en esta obra no responden a un criterio demasiado sistemático: unas veces, por error del autor, como aparece en la *Gramática castellana,* y otras, por erratas de imprenta.

Veamos las representaciones gráficas de los distintos fonemas implicados en ellas.

1. *Fonema* /i/:

a) núcleo silábico: *a*) *i*: *ira, igual, río, reímos, síllaba* (fol. 3 r., p. ej., varias veces). Excepción: *aujan* (fol. 4 v.) (frente al general *auía*) que registramos una sola vez, y que parece un error tipográfico; β) y: *syllaba, lyrico, traydo*. Las dos primeras, indudablemente, por su origen griego, aunque también aparece *síllaba*;

b) margen silábico prenuclear: siempre *i*: *comiença, necessario, officio, ciudad, sabio*, etc. Sólo una excepción: *qujera* (fol. 3 r.), que parece también un error de impresión;

c) margen silábico postnuclear: α) grafía *i*: *hai, veinte, seis, lei, oi, mui*; β) grafía *y*: *veynte, seys* (en la misma página, fol. 6 r., que los correspondientes con *i*), *muy, reyna, rey, oy*.

2. Fonema /ẑ/ o /ž/:

a) grafía *j*: *lenguaje, mensajero, aparejada, semejantes, oreja, trabajo, hijo, Consejo, rijo, judíos, juntar, juntas, juzgar*;

b) grafía *g*: *regis, girón, giras, imágenes, gente, generoso, ageno, riges, género, origen, coger*;

c) grafía *i* (consonante): *iustamente, coniugación, subiuntiuo*;

d) alternando *i* "consonante" con *y* en: *ia, ya; maior, mayor; io, yo; cuias, cuyas* (en el mismo fol. 1 r.); *suia, suya*;

e) grafía *y*: *raya, ayo, yunta, yerren, ayuntar, ayuda*. Amado Alonso se inclina a pensar que esta grafía representase" una realización abierta, próxima a la articulación vocálica" [7], después de examinar los casos *yo, saya*. Se puede abundar más en la opinión de A. Alonso, al contrastar los pares mínimos aducidos por Nebrija y expues-

---

[7] AMADO ALONSO, *Examen de las noticias de Nebrija sobre antigua pronunciación española*, en NRFH, III, 1949, pág. 75.

tos más arriba: *raya/raia, ayo/aio, yunta/iunta*. Es posible que en algunos casos como en los citados se ofreciese una distinción entre dos fonemas diferenciados por el grado de abertura o por presencia/ausencia de rehilamiento, pero las alternancias entre los grafemas *i - y* en idénticos lexemas inducen a pensar en un fonema /ẑ/ o /ž/ con dos variantes, posiblemente en distribución libre cuando no había ningún condicionamiento de contorno (pausa, nasal ...).

3.2.6. *Grafema* x.

"La *x* avnque en el griego e en el latín, de donde recebimos esta figura, vale tanto como *cs*, porque en nuestra lengua de ninguna cosa nos puede seruir, quedando en su figura con vn título, darémosle aquel son que arriba diximos nuestra lengua auer tomado del aráuigo" (*Reglas de Orthographía*, fol. 7 r. y *Gramática castellana*, pág. 26). En nuestra obra, no aparece con tilde, como él propone para diferenciarla de la latina. Representaba el fonema /š/. Ejs.: *dixe, diximos, dexar, dexó, dexarían, dexemos, traxo, traxeron, afloxar, xabón, xenabe, floxa, exemplo, abaxo*. En posición final: *balax, relox,* y en postnuclear *experiencia,* pero *escusar*.

3.2.7. *Grafema* h.

Para Nebrija, *h* tiene valor cuando es el devenir de una *f* latina, que aún se conservaba en castellano como aspirada, o también el recuerdo de una antigua aspiración latina que se perdió a veces en el mismo latín, y de la que no quedan restos en romance[8]. Recordando el capí-

---

[8] Véase VEIKKO VÄÄNÄNEN, *Introduction au Latin Vulgaire,* Paris, 1963, pág. 57.

tulo IV de estas *Reglas de Orthographía* (también *Gramática castellana*, pág. 26), podemos distribuir el uso de *h* según sus oficios:

1. En palabras procedentes de *f-* latina: *hijo, higo, hablar, hazer* (*hago, hará, hizo, hecho, hace*), *helgueduras, herir* (*hiere, hiriendo*), *hondas, hazañas, hartamos*.

Hallar, hallado explicables por la evolución desde *afflare* (véase COROMINAS, *DCELC*).

2. En palabras que en latín poseían aspiración: *humanidad, humana, humildad, honra, historia*.

3. Para demostrar que *u* es vocal: *huerto, huevo, huésped*.

Hay alternancia en *hombre* (fol. 2 v.) - *ombre* (fols. 1 r., 2 r.), y en el verbo *haber*, en el que unas formas aparecen siempre con *h*: (*han, hai, ha*) y el resto sin ella (*auer, auía, auemos, auría, aurá, auré, ouo, ouiessen, ouiere*).

Escribe sin *h* la palabra *oy*.

3. 2. 8. *Grafemas* ñ, nn, gn.

Para representar el fonema palatal /ɲ/, Nebrija propone las siguientes grafías: a) *n* doblada o con tilde encima (fol. 5 v.): *nnudo, nnublado, anno, sennor*; *ñudo, ñublado, año, señor* (*Gramática castellana*, pág. 23; *Reglas de Orthographía*, fols. 5 v., 6 v.); b) sin gran convicción, por reminiscencia de las letras aúlicas, *gn* (*Gramática castellana*, págs. 25, 35-36, 28). La transcripción *gn* está insinuada en la *Gramática castellana*. Años más tarde, en 1503, rectifica rotundamente: "¿qué voz puede estar más lejos del sonido de estas letras [gn] que la que helenistas y latinistas les acomodan? Pues la *g*, como hemos dicho, se pronuncia apretando la garganta. La *n* con toda la lengua rebajada y sólo la punta levantada y aplicada a la región media del paladar y de los dientes de arriba. Pero en la voz que esos pronuncian ni se aprieta la garganta, ni se levanta la punta de la lengua, sino que, al contrario, la parte delantera de la lengua se rebaja, y toda su demás extensión se arrima al paladar" [9]. Posteriormente, en las *Reglas de Orthographía,* habla sólo de *n* doblada o con tilde encima.

En nuestro texto, usa constantemente *ñ* para representar el valor /ɲ/: *señor, señalar,* transcribiendo *nn* sólo cuando habla de la *n* doblada y da sus correspondientes ejemplos: *nnudo, nnublado, anno, sennor.*

La grafía *gn* nunca la emplea para representar este fonema; la utiliza en cultismos como *ignorancia, dignidades, significar,* o *digno, signo,* de las que dice son palabras latinas.

3.2.9. *Grafemas* s, ss.

En el Capítulo v de las *Reglas de Orthographía,* leemos: "Acontece a las letras ser floxas o apretadas, y por consiguiente, sonar poco o mucho, como la *r* y la *s,* porque en comienço de la palabra suenan dobladas o apretadas, como diziendo *reí, Roma, sabio, señor.* Esso mesmo en medio de la palabra suenan mucho si la síllaba precedente acaba en consonante y la siguiente comiença en vna dellas, como diziendo: *Enrique, honrado, bolsa, ánsar;* de donde se conuençe el error de los que escriuen con *r* doblada *rei* y *Enrique;* pero si la síllaba precedente acaba en vocal, la *r* o la *s* en que comiença la síllaba siguiente suena poco, como diziendo *vara, pera, vaso, peso;*

---

[9] *De vi ac potestate litterarum,* Salamanca, 1503, cap. xv, citado por A. ALONSO, *op. cit.,* pág. 71.

pero si suenan apretadas, doblarse han en medio de la palabra, como diziendo: *amassa, passa, carro, jarro*".

La grafía *s* representa èl fonema /z/, sonoro o "floxo", mientras que *ss* representa /s/ sordo o "apretado". Su uso, en nuestra obra, responde a su origen etimológico. Anotamos, no obstante, *assí* y *así, passan* y *pasan*.

3. 2. 10.   Grafemas r, rr.

La distinción "floja-apretada" también se extiende, como hemos visto más arriba, a *r, rr,* siendo en este caso la "apretada" la vibrante múltiple, y la "floxa", la simple. Su uso es generalmente correcto en las *Reglas de Orthographía.* Anotamos, no obstante, *honrra* (fol. 1 v.) y *honrrarles, honrrarlos* (fol. 9 v.). Pero de acuerdo con lo que propone, *enroscada* (fol. 2 r.).

3. 2. 11.   Grafema ll.

La grafía *ll* es utilizada por Nebrija para representar nuestro fonema /l̮/, y en este sentido, se usa en las *Reglas de Orthographía,* con dos excepciones: *sallir,* por *salir* (fol. 3 r., Diffinición quarta), que corregimos en la edición por evidente errata y *síllaba* o *syllaba,* constantemente con *ll,* que conservamos en la edición, porque creemos ver en este uso un influjo del étimo heleno en Nebrija.

3. 2. 12.   Grupos gráficos.

En cuanto al uso de grupos gráficos consonánticos, de la misma o distinta figura, no presenta un criterio muy uniforme: por un lado, tiende a suprimirlos, pero, por otro, el peso de las lenguas clásicas le hace mantener muchos cultismos gráficos. El mismo Nebrija indica: "escreuimos *signo, magnífico, magnánimo, benigno,* con *g* y pronunciamos *sino, manífico, manánimo,* sin *g*"; y "pecan los que escriven *signo, dignidad, benigno,* con *g* delante la *n,* pues que en aquestas diciones no suenan con sus fuerças" [10].

Secuencia cc. – Anotamos: *succeder, succedió, accidente,* frente a *sucedió, indución, diciones.*

Secuencia ff: *Differencia, diffiere, officio, differente, diffusamente, diffinición, sufficiente, differentias,* frente a *oficio.*

Secuencia mm. En el Capítulo VII de las mismas *Reglas de Orthographía,* nos dice el autor: "No quiero disimular agora lo que todos en esta parte comúnmente yerran poniendo la *n* delante la *b,* y la *m,* y la *p,* porque delante de aquellas más suena *m* que *n,* y por esta causa escreuimos en aquellos lugares *m* y no *n,* como en *embargo, embiar, empacho, emperador, emmotar, emmudecer".* Consecuentemente, encontramos: *immortal;* también *communes,* frente a *imortal, emendar.*

Secuencia mn. Encontramos: *condemno, solemne.*

Secuencia bd: *Dubda,* frente a *duda.*

Secuencia bs: *Substancia, absentes,* frente a *ausentes.*

Secuencia ns. Encontramos: *demonstración, demonstradas,* frente a *demostrar; Instituciones, instrumento.*

Secuencia sc. Vemos: *sciencia, nascimiento, esclarescido, rescebido,* frente a *esclarecida, recebimos, recibió, recibieron.*

Secuencias ph, th, ch. Se conservan siempre que sean helenismos que han pasado al castellano a través del latín. En el Capítulo VII de las *Reglas de Orthographía,*

---

[10] *RO,* fol. 9 v. y *GC,* pág. 36, respectivamente.

indica a propósito de *ph, th*: "A las vezes seguimos el orthographía griega y latina, avnque no pronunciamos como escreuimos, como en *philósopho* y *thálamo*, porque escreuimos *ph* y *th* y pronunciamos *f, t,* sotil". Anotamos: *diphthongo, phenices, philósofo, Thebas,* etc., pero *diphtongo* (fol. 3 r.).

Secuencia pt. Anotamos: *concepto, escripto, escriptura, ruptura.*

I V

CRITERIOS DE LA PRESENTE EDICIÓN

4. 1. Ediciones
de las «Reglas de Orthographía».

Las *Reglas de Orthographía en la lengua castellana,* del Maestro Antonio de Nebrija, se publicaron por primera vez el día 12 de mayo de 1517, en Alcalá de Henares, siendo su impresor Arnao Guillén de Brocar, según consta en el colofón de la obra.

Pedro Lemus y Rubio señala otra edición en la Biblioteca de Su Majestad el Rey: *Reglas de Orthographía en la lengua castellana.* Al fin se lee: "Al loor y gloria de nuestro señor dios: y de / la gloriosa virgen Maria su madre: abogada d los pe/cadores. Fue imprimido el presente tractado el / qual hizo Antonio de Lebrixa por proue = / cho de todos los escriptores: e*n* la ciu / dad de Leon. Acabose a. XXX. / dias del mes de Agosto / año de mil y quinie*n* / tos. y. XXVII años /" + In-4º letra got. — sign. av. biii [1].

Posteriormente, Gregorio Mayans reimprime dos veces la obra: *Reglas de Ortografía en la lengua castellana* compuestas por el Maestro Antonio de Lebrija, Chronista de los Reyes Cathólicos. Hízolas reimprimir, añadiendo algunas reflecciones, Don Gregorio Mayans y Siscar. Ma-

---

[1] *Revue Hispanique,* XXIX, págs. 95-96.

drid, Juan de Zúñiga, 1735. Consta de 30 páginas, numeradas en romanos, que contienen: Dedicatoria, Sumas y Prólogo. El texto de las Reglas ocupa las págs. 1-52, las 53-89 están dedicadas a las Reflexiones de Mayans, y las 90-96 contienen una *Elegía en latín*. Este ejemplar de la Biblioteca Nacional de Madrid lleva la signatura 1/48030.

La otra edición, de idéntico contenido y paginación, fue publicada en Valencia, en 1765, por Benito Monfort. Este ejemplar de la Biblioteca Nacional de Madrid, tiene la signatura 3/26555.

Otra edición es la comprendida en la obra de B. Escudero de Juana: *La "Ortografía" de Lebrija comparada con la de los siglos XV, XVI y XVII*, Madrid, 1923, en las págs. 18-39.

Ig. González-Llubera la edita nuevamente en 1926, junto a la Gramática y a las Antigüedades de España: Nebrija: *Gramática de la lengua castellana (Salamanca, 1492). Muestra de la Istoria de las Antigüedades de España. Reglas de Orthographia en la Lengua castellana.* Oxford University Press, 1926. La edición de las tres obras está precedida de una introducción, y la *Gramática* contiene abundantes notas, no así las *Reglas de Orthographia*. Estas ocupan las páginas 229-260.

Los últimos editores de la *Gramática castellana*, Pascual Galindo Romeo y Luis Ortiz Muñoz (Madrid, 1946) prometieron la edición de la *Ortografía*[2] como complemento de la edición de la Gramática, pero hasta el momento, la anunciada edición no ha visto aún la luz.

---

[2] Págs. xx-xxi, nota 6.

4. 2. Descripción de la «editio princeps».

Hemos utilizado para nuestra edición facsimilar el ejemplar existente en la Biblioteca Nacional de Madrid, cuya signatura es: R/1363. Es un hermoso ejemplar, con una bella impresión. Todos los capítulos comienzan con capitales adornadas [3]. Este ejemplar consta de diez hojas de respeto, en blanco, sin duda puestas por el encuadernador, en la primera de las cuales con letra manuscrita del siglo XVIII, se da noticia de la reimpresión hecha por Gregorio Mayans; a continuación, el texto, y, por último, otras once hojas en blanco.

Su descripción es como sigue:

Sin portada. El fol. 1 r. sin numerar lleva el siguiente encabezamiento: Prólogo o prefación del Maestro Antonio de Lebrixa / en la obra que hizo sobre el orthographía del castellano: / dedicada al muy noble y assi sabio y prudente varón el / doctor Lorenço de Caruajal, senador del Alto Consejo de la / Reyna y Rey, nuestros Señores. Y a continuación, en el mismo fol. 1 r. y v. s. n., el prólogo.

En el fol. 2 r. s. n. se lee el encabezamiento: Reglas de Orthographía en la / lengua castellana compuestas por el Maestro / Antonio de Lebrixa. Y empieza el texto desde este fol. 2 r. y v. s. n. hasta el fol. 12 r. s. n. (vuelta en blanco), donde se copia, tras el *Fin,* el siguiente colofón: fue impresso el presente tratado en la villa de Al- / calá de Henares por Arnao Guillén de Brocar. / Acabóse a doze días del mes de mayo: / año del nascimiento de

---

[3] En la misma Biblioteca, se encuentra otro ejemplar, también sin portada, cuya signatura es R/31630, encuadernado, que consta de dos hojas en blanco, de encuadernación, más el texto, más cuatro hojas en blanco, de encuadernación también, al final. Este ejemplar está incompleto: le falta el *Prólogo* (fols. 1 r. y v.), y la sexta hoja (fols. 6 r. y v.).

Nuestro Sal- / uador Iesu X*risto* de mill y qui- / nientos y diezisiete / años.

4.3. CRITERIOS DE LA PRESENTE EDICIÓN.

Nuestra edición de las *Reglas de Orthographía* está realizada sobre la editio princeps, y reproduce su ortografía. No obstante, la anarquía de la puntuación, de los usos de las mayúsculas, y algunas equivocaciones del impresor, junto con la adopción por nuestra parte de criterios de edición más modernos, o que creemos sinceramente que facilitarán la lectura de la obra, nos ha llevado a establecer los criterios que a continuación establecemos:

Grafías.

a) No reproducimos la *s* larga.

b) Pese a que en la obra habla de añadir una tilde a *ch* y *x* para pasarlas a la categoría de grafemas y darles el sonido que les corresponde en nuestra lengua, no aparecen nunca en las *Reglas* con el mencionado diacrítico, por lo que lo omitimos en nuestra edición.

c) Más datos sobre los usos ortográficos, pueden verse en el capítulo *El uso ortográfico en las Reglas de Orthographía.*

Conjunción copulativa.

En nuestra obra, aparece casi constantemente el signo que representa la conjunción copulativa. Cuando se sustituye por las conjunciones grafémicas *e, i* o *y,* es ésta última la que aparece en un número abrumador de casos sobre las otras dos (por ejemplo, en los fols. 2 v., 3 r., 3 v.,

4 r., 4 v., 9 r.). Después de punto o comienzo de capítulo, dos veces usa *I*: *I dexando* (fol. 7 r.), *I si* (fol. 1 r.), y tres *E*: *E agora* (fol. 1 v.), *E otro tanto* (fol. 8 v.), *E porque diximos* (fol. 9 r.).

Por ello, hemos creído más aportuno usar en nuestra edición la grafía *y* en lugar de *e*, o de *i* como hacen los editores de la *Gramática castellana*, de 1946.

Abreviaturas.

Deshacemos las abreviaturas, transcribiendo en cursiva las letras omitidas.

Separación de palabras.

En el paradigma de la declinación que da Nebrija en su *Gramática castellana* (sobre todo, págs. 107 y 112), en los casos segundo y tercero, funde la preposición con el artículo, resultando *del, dela, delo, delos, delas*; *a el, ala, alo, alos, alas*. En la edición príncipe, se mantiene esta postura, así como la unión también con las preposiciones *a, con, en, de*: *conla, enla,* etc. Este uso es corriente en las otras obras de Nebrija. Pese a ello, sólo hemos mantenido la unión en casos como *dellos, del,* etc., en los que se funden dos vocales iguales en una sola (*de + el = del*), separando, como hoy *en la, de lo, a la,* en lugar de *enla, delo, ala,* constantemente unidos en el texto.

Lo mismo hacemos cuando la secuencia consta de preposición y demostrativo: *en esta* por *enesta*, pero *desta*.

Los adverbios en *-mente* presentan separados los dos componentes en un número muy elevado de casos, pero hay veces que aparecen unidos. En nuestra edición, hemos respetado las dos soluciones. Ejemplos: *puramente, igualmente, comúnmente, solamente,* frente a *manifiesta*

*mente, primera mente, sola mente, distinta mente, igual
mente, mayor mente,* etc.

Acentuación y puntuación.

Acentuamos y puntuamos conforme al criterio actual.
En el original, no se usa el diacrítico de acento; por eso,
en aquellos casos en que Nebrija acentuó intencionada-
mente algún ejemplo, lo hacemos constar en nota de pie
de página.

Mayúsculas.

En el texto, el uso de las mayúsculas es caótico (véase, por ejemplo, la cabecera del *Prólogo*); por ello, las
unificamos conforme al criterio actual.

Erratas.

Corregimos las erratas evidentes del texto, indicando
la forma original en nota de pie de página.

Otros signos gráficos.

Los ejemplos dados por el autor van entre comillas
(él los suele señalar entre dos puntos a pie de renglón),
con comillas sencillas o dobles, según los casos. La letra
cursiva la utilizamos, como ya hemos indicado, para la
reposición de las letras omitidas en las abreviaturas.

Como hemos indicado, los folios están sin numerar
por lo que en nuestra edición indicamos el número del
folio, recto o vuelto, omitiendo la abreviatura *s. n.*

Para mayor facilidad de lectura y localización de las citas, cada capítulo comenzará página.

En general, procuramos que nuestra edición sea lo más fiel posible a la príncipe. Las pequeñas modificaciones que hacemos, comprensibles por otra parte, del texto original, pierden importancia al acompañar en este volumen la edición facsimilar.

EDICIÓN

Prólogo o prefación del Maestro Antonio
de Lebrixa en la obra que hizo sobre el orthographía
del castellano, dedicada al muy noble y assí sabio y
prudente varón el doctor Lorenço de Caruajal, Senador del Alto Consejo de la Reyna y Rey nuestros
señores.

Los días passados, quando vuestra merced entregó a
Arnao Guillén la historia del muy esclarescido Rey don
Juan el Segundo para que la imprimiesse, le dixe que esta
razón de letras que agora teníamos en el vso del castellano, por la mayor parte estaua corrompida. No digo io
agora que las palabras antiguas se ouiessen de reformar
en otras nueuas, porque esto sería corromper los libros,
y no emendallos. Mas digo que el día de oi ninguno
puramente escriue nuestra lengua por falta de algunas
letras que pronunciamos y no escreuimos; y otras, por
el contrario, que escreuimos y no pronunciamos. Y si
los príncipes de nuestro siglo fuessen tan codiciosos de
eternidad como aquellos antiguos, de cuias hazañas nos
espantamos, cuyas virtudes nunca nos hartamos de alabar, igualándolas con el cielo, no dexarían por cierto tal
ocasión de imortal gloria que dellos para siempre que-
dasse, especialmente en cosa que es la más fauorable de
quantas los ombres han hallado, porque ni Palamedes
en la guerra de Troia ganó tanto nombre en ordenar las
batallas, en dar las señas, en comunicar el apellido, en

repartir las rondas y velas, en hallar los pesos y medidas, quanta en la inuención de quatro letras: la "y griega", y tres que se aspiran: "ch", "ph", "th". Ni Simónides, poeta lyrico, vno de los nueue que Grecia celebra, tanta opinión y estima dexó de sí en aquel su diuino poema, quanta en hallar otras cinco letras: tres dobladas: "x", "z", "ps"; y dos siempre luengas: "eta" y "o mega". Ni los phenices[1] alcançaron tan esclarecida fama de su posteridad en hallar los trabucos y hondas, en endereçar su nauigación al tino de las estrellas, en edificar muros y torres, en embiar sus poblacio- / [fol. 1 v.] nes por todo el mundo, quanto en ser los primeros que hallaron las letras. Ni Cadmo[2], hijo de Agenor, rei de los mismos phenices, tanto es mentado por la inuención de los metales y fundición dellos, ni por auer hallado los mineros de piedra para edificar, ni por auer poblado la ciudad de Thebas en Boecia, quanto por auer traydo las letras de su tierra y auerlas comunicado a los griegos. Pero dexemos a los phenices entera aquella su gloria, que fueron los primeros inuentores de las letras; y a Cadmo, que de Phenicia las traxo a Grecia. ¿Qué necessidad touieron Pa-

---

[1] "Todos los otros autores dan la invención de las letras alos phenices, los cuales no menos fueron inventores de otras muchas cosas, como de cuadrar piedras, de hazer torres, de fundir metales, de formar vasos de vidrio, de navegar al tino de las estrellas, de teñir el carmeso conla flor i sangre delas purpuras, de trabucos y hondas". *GC,* pág. 14.

[2] "Mas así como no es cosa mui cierta quien fue el primero inventor delas letras, assí entre todos los autores es cosa mui constante que de Phenicia las traxo a Grecia Cadmo, hijo de Agenor ...". *GC,* págs. 14-15.

lamedes y Simónides de buscar lo que no faltaua, pues
que sin aquellas figuras de letras que hallaron, se podía
mui bien escreuir el griego? ¿Qué necessidad touo Claudio emperador de ostentar su "antisigma", pues que por
la "ps" se podía representar aquella boz? No pienso io
que por otra causa estos se mouían, sino porque dellos
quedase alguna memoria. E agora, nuestros príncipes,
teniendo tan aparejada la materia para ganar honrra,
en mostrar seis figuras de letras que nos faltan, y sin las
quales no podemos escreuir nuestra lengua, dissimúlanlo,
y passan por ello, no curando de prouer a tanta neccessi-
dad, ni a tan poca costa y trabajo conseguir tan glorioso
renombre entre los presentes y los que están por venir.
Esto quise, señor, entre tanto, testificar a vuestra limpieza
y generoso ánimo, porque por auentura en algún tiempo
me será buen intercessor para poner en obra este mi cuidado. El qual, a mi peligro, ya auría puesto so la censura
del pueblo, sino que temo que para juzgar della, se hará
lo que suele, contando los votos, y no ponderándolos,
como vemos que se hizo en el comienço del pontificado
de Nicolao quinto: que poniéndose en dubda si la "c"
de aquel nombre auía de ser aspirada o sotil, metida la
cosa a partido de votos entre copistas y escriptores de
la vna parte, y los varones doctos de aquel tiempo de la
otra, venció la ignorancia, porque tuuo más votos; y por
aquéllos dada la sentencia, començaron todos a escreuir
"Nicholaus" con "ch", en el qual error avn los niños
agora no caen. Otro tanto se hizo en tiempo de Sisto el
segundo, que, llamándose el primero Xysto, con "x" e "y
griega", tanto pudo la ignorancia de los cortesanos, que

por Xysto, trastrocadas las p*r*imeras letras y mudada la
"y griega" en "latina", escriuieron "Sixto" [3].

---

[3] El capítulo segundo de la *GC* está dedicado íntegramente a la
"invención delas letras: dedonde vinieron primero a nuestra España".
Es un capítulo farragoso y sin valor alguno, lleno de leyendas nacio-
nales o locales de los latinos, mezclado con tradiciones patrísticas.
Otros gramáticos posteriores seguirán la costumbre de tratar el origen
de las letras: unos, ampliamente, como VILLALÓN, *Gramática castellana,* págs. 60-63, otros escuetamente, como PATÓN, *Epítome de la
ortografía,* pág. 22.

REGLAS DE ORTHOGRAPHÍA EN LA LENGUA CAS-
TELLANA COMPUESTAS POR EL MAESTRO ANTONIO DE LE-
BRIXA.

Entre todas las cosas que por experiencia los ombres
hallaron, o por reuelación diuina les fueron demonstradas para polir y adornar la vida humana, ninguna otra
fue tan necessaria, ni que maiores prouechos nos acarreasse, que la inuención de las letras. La qual parece que
ouo origen de aquello que ante que las letras fuessen
halladas, por imágines representauan las cosas de que
querían dexar memoria: como por la figura de la mano
diestra tendida significauan la liberalidad, y por ella mesma cerrada, el auaricia; por la oreja, la memoria; por
las rodillas, la misericordia; por vna culebra enroscada,
el año; y assí de las otras cosas. Mas por que este negocio era infinito y muy confuso, el primero inuentor de
letras, quien quiera que fue, miró quántas differentias
de bozes avía en su lengua, y tantas figuras de letras
hizo; por las quales, puestas en cierta orden, representó
todas las palabras que quiso, assí para su memoria, como
para hablar con los absentes y los que están por venir.
Assí, que no es otra cosa la letra, sino traço o figura por
la qual se representa la boz [1]. Mas, assí como es la cosa

---

[1] "La causa dela invención delas letras primera mente fue para
nuestra memoria, i, despues, para que por ellas pudiessemos hablar

más prouechosa de quantas los ombres hallaron, assí es
la más fácile de se corromper, y en que el día de oy más
se yerra, no solamente en las lenguas peregrinas, mas
en esta nuestra castellana, en la qual, por la mayor parte,
escriuimos vna cosa y pronunciamos otra, contra el uso
de aquello para que fueron halladas. Y por esta causa,
pensé de poner algún remedio, assí para emendar lo que
está escripto, como para lo que de aquí adelante se ouiere
de escriuir. Y porque en toda sci- / [fol. 2 v.] encia que
procede por demonstración se han de presuponer las diffiniciones de los términos de aquella sciencia, de donde se
puede saber qué es aquello de que se disputa; y los principios, esso mesmo que los griegos llaman dignidades, y
los latinos communes conceptos, que no se pueden negar
de hombre que tenga común razón, y negándolos, con
el tal no se deue disputar. Antes que vengamos a esta
consideración, pusimos primero las diffiniciones que para

---

conlos ausentes i los que estan por venir, lo cual parece que ovo origen de aquello que, ante que las letras fuessen halladas, por imagenes
representavan las cosas de que querian hazer memoria, como por la
figura dela mano diestra significavan la liberalidad, por una culebra
enroscada significavan el año. Mas, por que este negocio era infinito
i mui confuso, el primer inventor de letras, quien quiera que fue,
miro cuantas eran todas las diversidades delas bozes en su lengua, i
tantas figuras de letras hizo, por las cuales puestas en cierta orden
represento las palabras que quiso. De manera que no es otra cosa la
letra sino figura por la cual se representa la boz, ni la boz es otra
cosa sino el aire que respiramos, espessado en los pulmones i herido
despues enel aspera arteria, que llaman gargavero, i de alli començado a determinarse por la campanilla, lengua, paladar, dientes y beços". *GC*, pág. 17.

Véase también más adelante, en la *Diffinición primera*: "Que la
letra es la menor parte de la voz que se puede escriuir".

ello son menester, y después las dignidades, de donde concluiremos lo que se sigue. Assí pareçerá manifiesta mente en quántos errores están los nuestros cerca de la verdadera scriptura del lenguaje castellano.

DIFFINICIÓN PRIMERA.

Que la letra es la menor parte de la boz que se puede escriuir. Esta diffinición es assí de los griegos como de los latinos, y compete a todas las otras lenguas, porque si yo digo "señor", esta boz se parte en dos síllabas, que son: "se" y "ñor"; y el "se", después, en "s" y "e"; y la "s" ya no se puede partir, y por esso competirle ha la diffinición de la letra; y puedese escriuir, que es la última differencia que se puso en la diffinición, porque si no se pudiesse escriuir, ya no sería letra, como es es el sonido del viento y otras bozes que los latinos llaman inarticuladas [2].

DIFFINICIÓN SEGUNDA.

Que la vocal es letra que se forma en tal parte de la boca, que puede sonar por sí sin se mezclar ni ayuntar con otra letra alguna [3]; y por esso se llama vocal, porque tiene boz por sí, como la "a", la qual, sin ayuda de otra

---

[2] Véase § 2. 5.

[3] "Llamaronse vocales, por que por sí mesmas tienen boz sin se mezclar con otras letras" (*GC,* pág. 19). "Llamadas assí [las vocales] por que suenan por sí mesmas" (*G. C.,* pág. 106).

qualquiera letra, se puede pronunciar y por esso competirle ha la diffinición de vocal.

Diffinición tercera.

Que la consonante es letra, la qual se forma en tal parte de la boca, que no se puede pronunciar sin ayuda de alguna vocal, y por esso se llama consonante, porque suena con otra letra vocal [4], como la "b", no puede sonar sin ayuda de la "e".

[fol. 3 r.] Diffinición quarta.

Que la muda es letra que se forma en tal parte de la boca, que ni poco ni mucho puede sonar por estar cerrados los lugares por donde auía de salir [5] aquella boz [6], como la "b" [7] y la "p" que no pueden por sí sonar por estar los beços apretados; la "t" y la "d", por estar la lengua atrauessada entre las helgaduras de los dientes; la "c" y la "g", por estar la campanilla trauesada en el gargauero.

------

[4] "Llamaronse las otras consonantes, por que no pueden sonar sin herir las vocales" (*GC,* págs. 19 y 106).

[5] En el texto, *sallir*.

[6] "Mudas se dizen aquellas [consonantes], por que en comparación delas vocales casi no tienen sonido alguno" (*GC,* pág. 19).

[7] En el texto, por error, *d.*

Diffinición quinta.

Que la semiuocal es letra, la qual se forma en tal parte de la boca que, aunque no suena tanto como la vocal, suena más que la muda [8], y por esso se llama assí, como la "l", "n", "r", "s", las quales, estando abiertos aquellos lugares donde se formauan las mudas, estando cerrados, e hiriendo la lengua en ciertos lugares del paladar, en alguna manera suenan.

Diffinición sexta.

Que la síllaba es ayuntamiento de letras, las quales se pueden pronunciar en vn espíritu [9], hiriendo la primera a la segunda, y la segunda a la tercera, y la tercera a la quarta, y como qujera que en el latín seis letras se pueden coger en vna síllaba, el castellano no sufre más de quatro; y porque quando las vocales suenan por sí hazen síllaba, aquello es impropria mente, porque, como diximos, la síllaba es ayuntamiento de letras.

Diffinición séptima.

Quel diphthongo [10] es ayuntamiento de dos vocales que se cogen en vna síllaba y pronuncian en vn acento,

---

[8] "Las otras, semivocales, por que en comparación delas mudas tienen mucho de sonoridad" (*GC,* págs. 19-20).

[9] "Sílaba es un aiuntamiento de letras que se pueden coger en una herida dela boz i debaxo de un acento" (*GC,* pág. 36).

[10] "Mas diremos delas letras en que manera se ordenan i cogen

no como las consonantes hiriendo la vna a la otra, mas sonando cada vna por sí; como diziendo "causa" la "a" y la "u" haze vna síllaba y pronúnciase debaxo de vna herida y acento; destos, el griego tiene seis, el latín quatro, el castellano doze.

[fol. 3 v.] PRINCIPIO PRIMERO.

Que assí como los conceptos del entendimiento responden a las cosas que entendemos, y assí como las bozes y palabras responden a los conceptos, assí las figuras de las letras han de responder a las bozes, porque si assí no fuesse, en vano fueron halladas las letras, y la scriptura no menos sería falsa, que si el entendimiento concibiese vna cosa por otra, y las palabras representassen otra cosa de lo quel entendimiento concibe. Assí, que será éste el primero principio, el qual ninguno que tenga seso común puede negar: que las letras, y las bozes, y los conceptos, y las cosas dellos han de concordar; porque de otra manera cometerseía mentira y falsedad en la cosa de quantas los hombres hallaron para vtilidad y arreo de la vida humana; allende que ni terníamos religión, ni sabríamos qué nos mandó ni vedó Dios pri-

---

en una sílaba, lo cual demostraremos primera mente enlas vocales cuando se aiuntan i cuajan entre si por diphthongo. Diphthongo llaman los griegos cuando en una sílaba se arrebatan dos vocales; i llamase assi por que como quiera que sea una sílaba, haze en ella dos heridas" (*GC,* págs. 29-30).

Restituimos la *h.* En el texto, "diphtongo".

mera mente por Moisén y todos los otros Profetas, y
después por su Hijo Nuestro Saluador, y sus Apóstolos
y Euangelistas.

Principio segundo.

Que así tenemos descreuir como hablamos y hablar
como escriuimos[11]. Éste es de sí manifiesto, porque no
tienen otro vso las figuras de las letras, sino representar
aquellas bozes que en ellas depositamos, para que, ni
más ni menos, tornen a dar de quanto dellas confiamos,
y que, si algunas se escriuen que no se pronuncian, o,
por el contrario, algo se pronuncia de lo que no está
escripto, esto será por necessidad de no auer figuras de
letras para señalar todo lo que se puede hablar.

Principio tercero.

Que la diuersidad de las letras no está en las figuras
dellas, sino en la diuersidad de la pronunciación[12], porque aunque tú escriuas el "aleph" hebraico, y el "alpha"
griego, y el "álipha" morisco, y el "a" latino, todavía
es vna "a"; y los que escriuen alguna cosa por cifras,

---

[11] "Que assí tenemos de escrivir como pronunciamos i pronunciar
como escrivimos por que en otra manera en vano fueron halladas las
letras". (GC, págs. 21 y 34).

[12] "Que la diversidad delas letras no esta enla diversidad dela figura, sino enla diversidad dela pronunciación". (GC, pág. 21).

cada día mudan nueuas figuras, aunque nunca se muda
la pronunciación dellas, y por el contrario, quando por
vna figura se representan dos bozes o más, ya aquella no
es vna letra, sino dos o / [fol. 4 r.] tres, pues que le damos más officios del vno que auía de tener, como la "i"
y la "u", quando son vocales, otras son que quando son
consonantes.

Principio quarto.

Que aunque las bozes humanas sean infinitas, porque los instrumentos y miembros donde se forman en
infinitas maneras se pueden variar, cada lengua tiene
ciertas y determinadas bozes, y, por consiguiente, ha de
tener otras tantas figuras de letras para las representar.
Porque en otra manera, sobrarían algunas y faltarían
otras que es grande enconueniente para conseruar aquello de que queremos hazer memoria, assí para nosotros
como para los ausentes y los que están por venir.

Principio quinto.

Que las consonantes igualmente pasan sus fuerças y
bozes a las vocales que se siguen, lo qual se prueua por
indución de todas ellas en todos los lenguajes que se han
reduzido a letras, porque en la mesma manera suena la
"b" con la "a", que con la "e", que con la "i", que con
la "o", que con la "u"; porque, por el tercero principio,
si en otra manera sonasse con la "a" que con la "e", ia no

sería vna letra, sino dos, como la "c" y la "g", a las quales, si damos otra pronunçiación con la "a" que con la
"e" seguirseía [13] que cada vna dellas vale por dos.

Principio sexto.

Que pues cada lengua, como diximos en el quarto
principio, tiene determinadas bozes, y, por consiguiente,
ciertas letras por las quales aquellas se han de representar, veamos, como dize Quintiliano, si de aquellas figuras de letras que están en el vso para escriuir la lengua castellana, sobran algunas, y, por el contrario, faltan
otras, y, por consiguiente, a otras damos la pronunciación y officio que por sí ellas no tienen; para lo qual
eso mesmo se ha de presuponer, que, así como los griegos tomaron las letras de los hebreos, y los latinos del
griego, así los hispanos las recibieron del latín; pero de
las que recibió, algunas sobran, como la "k" y la "q";
otras faltan, como la "i" y la "u" quando son consonantes, y a otras / [fol. 4 v.] damos el sonido que ellas no
tienen, como a la "x" y a la "ch" [14].

---

[13] En el texto, *eguirseia*.

[14] "Dize nuestro Quintiliano enel primero libro de sus *Oratorias
Instituciones* que el que quiere reduzir en artificio algun lenguaje,
primero es menester que sepa si de aquellas letras, que estan enel uso,
sobran algunas, i si, por el contrario, faltan otras" ... "Las tres [le-
tras] *c k q* tienen un sonido i por consiguiente las dos dellas son
ociosas, i presupongo que sean la *k q,* i que la *x* no es necessaria por
que no es otra cosa sino breviatura de *cs*". (*GC,* pág. 18).

Principio séptimo.

Que nunca dos consonantes de vna especie pueden herir la vocal que se sigue, ni se pueden ordenar después della; y que si algunas dellas se doblaren, esto será en medio de la dición y la primera pertenecerá a la vocal precedente, y la segunda a la siguiente.

[Capítulo I]

Dize Quintiliano en el primero libro de sus Oratorias Instituciones [1], que el que quiere reduzir en artificio algún lenguaje, primero es menester que sepa si de aquellas figuras de letras que están en el vso, sobran algunas, y si, por el contrario, faltan otras, y tan bien, si damos a otras el sonido que ellas no tienen; y primera mente dezimos que de veinte y tres figuras de letras [2] que tomamos prestadas del latín para escriuir nuestra lengua castellana, sola mente nos siruen por sí mesmas estas doze: "a", "b", "d", "e", "f", "m", "o", "p", "r", "s", "t" "z"; por sí mesmas y por otras, seis: "c", "g", "i", "l", "n", "u"; por otras y no por sí mesmas, estas cinco: "h", "k", "q", "x", "y griega" [3]. Assí que, contadas y reconocidas las bozes que hai en nuestra lengua, hallaremos que son

---

[1] Véase la nota 3 de los *Principios*.

[2] A partir de este párrafo sigue al pie de la letra, con pequeñas variantes que señalaremos, el Capítulo V del Libro I de la *GC* (págs. 21-24).

[3] Falta en *RO*: "Para maior declaración delo cual avemos aqui de presuponer lo que todos los que escriven de orthographia presuponen: que assi tenemos de escrivir como pronunciamos i pronunciar como escrivimos por que en otra manera en vano fueron halladas las letras. Lo segundo: que no es otra cosa la letra sino figura por la cual se representa la boz i pronunciación. Lo tercero: que la diversidad delas letras no esta enla diversidad dela figura, sino enla diversidad dela pronunciación". (*GC,* pág. 21).

veinte y seis, a las quales aujan de responder otras veinte
y seis figuras de letras, para bien y distinta mente las
representar; pero agora, todo lo que escriuimos está confuso y embuelto en mil errores, por la falta de las letras,
de la vna parte, y por la sobra de otras [4]; lo qual por manifiesta y sufficiente indución se prueua en la forma siguiente: de las doze figuras de letras [5] que diximos que
nos siruen por sí mesmas, no hai duda si no que representan las bozes que traxeron consigo del latín, y nos
otros agora les damos en el castellano [6]; y que la "c",
"k", "q" tienen vn officio, y, por consiguiente, las dos
dellas eran ociosas [7]; porque de la "k" ninguno duda
sino que es muerta; en cuyo lugar, como dize Quintiliano, sucedió la "c", la qual, igual mente, traspassa su
fuerça a todas las vocales que se siguen; de la "q" no nos
aprouechamos sino por voluntad, porque todo lo que
agora escriuimos con "q" / [fol. 5 r.] podríamos escriuir
con "c", mayor mente, si a la "c" no le diéssemos tantos
officios quantos agora le damos. La "y griega", tampoco
yo no veo de qué sirue, pues que no tiene otra fuerça
ni sonido que la "i" latina, saluo si queremos vsar della

---

[4] "... Hallaremos otras veinte i seis, mas no todas aquellas mesmas que diximos del latin, a las cuales de necesidad an de responder
otras veinte i seis figuras, si bien y distinta mente las queremos por
escriptura representar, lo cual por manifiesta i suficiente ...". (*GC*,
pág. 21).

[5] "de las doze letras". (*GC*, pág. 21).

[6] "no hai duda sino que representan las bozes que nos otros les
damos". (*GC*, pág. 21).

[7] "i que la *k q* no tengan oficio alguno pruevase por lo que diximos en el capitulo passado, que la *c k q* tienen un oficio i por consiguiente las dos dellas eran ociosas". (*GC*, pág. 21).

en los lugares donde podría venir en duda si la "i" es vocal o consonante; como escriuiendo "raya", "ayo", "yunta", si pusiéssemos "i" latina, diría otra cosa mui diuersa:
"raia", "aio", "iunta". Assí, que de veinte y tres figuras
de letras, quedan solas ocho, por las quales agora representamos quatorze pronunciaciones, multiplicando los officios en esta manera [8]: La "c" tiene tres officios: vno
proprio, quando después della se siguen "a", "o", "u",
como en las primeras letras destas diciones: "cabra", "coraçón", "cuero". Tiene tan bien dos officios prestados:
vno, quando debaxo della acostumbramos poner vna señal que llaman çerilla, como en las primeras destas diciones: "çarça", "çeuada", la qual pronunciación es propria de judios y moros, de los quales, quanto yo pienso,
la recibió nuestra lengua, porque ni los griegos, ni latinos, que bien pronuncian, la sienten ni conocen por
suya. De manera, que, pues la "c", puesta debaxo aquella
señal, muda la substancia de la pronunciación, ya no [9]
es "c" sino otra letra, como la tienen distincta los judios
y moros, de los quales nosotros la recebimos quanto a
la fuerça, mas no quanto a la figura que entrellos tiene.
El otro officio que la "c" tiene prestado es quando después della ponemos "h", qual pronunciación suena en
las primeras letras destas diciones: "chapin", "chico", la
qual assí es propria de nuestra lengua que ni judíos, ni
moros, ni griegos, ni latinos [10] la conocen por suya; no-

---

[8] "multiplicandoles los oficios enesta manera" (id.).

[9] En el texto: "ya nos es ...".

[10] "que ni judios, ni moros, ni griegos, ni latinos la conocen por
suia" (id., pág. 22).

sotros escriuímosla con "ch", las quales letras tienen otro
son mui diuerso del que nosotros les damos. La "g" tiene
dos officios: vno proprio, qual suena quando después
della se siguen "a", "o", "u"; otro prestado, quando después della se siguen "e", "i", como en las primeras letras
destas diciones: "gallo", "gente", "girón", "gota", "gula";
la qual, cuando suena con "e", "i", assí es propria de
nuestra lengua, que ni judios, ni griegos, ni latinos la
sienten / [fol. 5 v.] ni pueden conocer por suya, sino
el aráuigo [11], del qual yo pienso que nos otros la recebimos. La "h" no sirue por sí en nuestra lengua, mas
vsamos della para tal sonido qual pronunciamos en las
primeras letras destas palabras [12]: "hago", "hecho"; la
qual figura [13], aunque en el latín no tenga fuerça de
letra, es cierto que, como nos otros la pronunciamos [14],
se puede contar en el número de las letras, como los
judios y moros, de los quales nos otros, quanto yo pienso,
la recebimos, la tienen por letra. La "i" tiene dos officios:
vno proprio, quando vsamos della como de vocal, como
en las primeras letras destas palabras [15]: "ira", "igual";
otro común con la "g", porque, quando vsamos della
como de consonante, ponémosla quando se sigue "a",
"o", "u", mas quando se sigue "e" o "i", en lugar della,
ponemos la "g", como arriua diximos [16]. La "l" tiene dos

---

[11] "salvo el morisco" (id.).

[12] "destas diciones" (id., pág. 23).

[13] "la cual letra" (id.).

[14] ". . . la pronunciamos hiriendo en la garganta . . ." (id.).

[15] "destas diciones" (id.).

[16] "cuando usamos della como de consonante ponemosla siguien-
dose *a o u*, i ponemos la *g* si se siguen *e i*; la cual pronunciacion, como

officios: vno proprio quando la ponemos senzilla, como
en las primeras letras destas palabras [17]: "lado", "luna";
otro ageno, quando la doblamos y le damos tal pronunciación qual suena en las primeras letras destas palabras [18]: "llaue", "lleno", la qual boz ni judios, ni moros,
ni griegos, ni latinos conocen por suya [19], ni tienen letras
para la poder escriuir, assí que será entrellos boz inarticulada. La "n" esso mesmo tiene dos officios: vno proprio quando la ponemos senzilla, qual suena en las primeras letras destas palabras [20]: "naue", "nombre"; otro
ageno, quando la ponemos doblada o con vna tilde encima, como en las primeras letras destas palabras [21]: "nnudo", "nnublado", o en las siguientes destas: "anno", "sennor", lo qual no podemos más hazer que lo que dezíamos de la "l" doblada, ni el título sobrella puede representar lo que nos otros queremos [22]. La "u", como

---

diximos de la *g,* es propria nuestra i del morisco, dedonde nos otros
la pudimos recebir" (id.).

[17] "destas diciones" (id.).

[18] "destas diciones" (id.).

[19] "Escrivimosla nos otros mucho contra toda razon de orthographia, porque ninguna lengua puede sufrir que dos letras de una especie puedan juntas herir la vocal, ni puede la *l* doblada apretar tanto
aquella pronunciacion para que por ella podamos representar el sonido que nos otros le damos" (id.).

[20] "destas diciones" (id.).

[21] "destas diciones *ñudo ñublado,* o enlas siguientes destas *año,
señor*" (id.).

[22] "ni el titulo sobre la *n* puede hacer lo que nos otros queremos, salvo si lo ponemos por letra i entonces hazemosle injuria en
no la poner en orden conlas otras letras del abc" (id.).

diximos de la "i", tiene dos officios: vno proprio, quando suena por sí como vocal, assí como en las primeras letras destas diciones: "vno", "vso"; otro prestado, quando hiere la vocal, qual pronunciación suena en las primeras letras destas palabras: "uo", "uengo" [23]. La "x" en el latín no es otra cosa sino breuiatura de "cs" o de "gs"; nosotros dámosle tal sonido [24] qual suena en las primeras letras destas diciones: "xabón", "xenabe", o en las últimas: "balax", "relox" [25]; la qual pronunciación es propria de la lengua aráuiga, de donde parece que nosotros la recebimos, porque otra lengua ninguna la reconoce por suia, y los moros siempre la ponen en lugar de nuestra "s", y por lo que nosotros dezimos "señor", "san", "Simón", por "s", ellos dizen "xenor", "xan", "Ximón", por "x". Assí, que de lo que auemos dicho, se concluye y sigue lo que queríamos prouar: quel castellano tiene veynte y seys diuersas pronunciaciones, y que de veynte y tres figuras de letras [26] que tomó prestadas del latín, no nos siruen por sí saluo las doze, para representar las

[23] "valle vengo". Los gramáticos antiguos en lugar della ponian el digama eolico, que tiene semejança de nuestra f, i aun enel son no esta mucho lexos della; mas despues que sucedio en lugar dela ph griega, tomaron prestada la u, i usaron della en lugar del digama eolico" (id.).

[24] "tal pronunciacion" (id.).

[25] "relox balax, mucho contra su naturaleza por que esta pronunciación, como diximos, es propria de la lengua araviga, dedonde parece que vino a nuestro lenguaje" (id.).

[26] "veinte i tres letras que tomo prestadas del latin, no nos sirven limpiamente sino las doze para las doze pronunciaciones que traxeron consigo del latin, i que todas las otras se escriven contra toda razon de orthographia" (id.). Hasta aquí el capítulo citado.

doze pronunciaciones que traxeron consigo del latín, y
que todas las otras se escriuen contra toda razón de orthographía, como parece claro por lo que auemos dicho,
pues que a algunas dellas damos dos o tres officios, y a
otras el sonido que ellas no tenían. Assí, que será nuestro
"a b c" destas veinte y seis letras, proprias e improprias:
"a", "b", "c", "ç", "ch", "d", "e", "f", "g", "h", "i vocal";
"i consonante", "l senzilla", "l doblada", "m", "n sin
título", "n con título", "o", "p", "r", "s", "t", "u vocal",
"u consonante", "x", "z"; porque a la "k" y a la "q",
ningún vso les[27] queda, ni proprio ni improprio, pues
que por la "c" se puede suplir aquello de que agora
siruen.

---

[27] En el texto, *le.*

Capítulo II

Del remedio que se podría tener para escreuir rectamente el castellano *.

Vengamos agora al remedio que se podría tener para escreuir [1] las pronunciaciones del castellano que agora representamos [2] por ageno officio de letras: la "c", como diximos, tiene tres officios, y, por el contrario, la "c", y la "k", y la "q", tienen vn officio; y si agora repartiéssemos estas tres figuras de letras [3] por aquellas tres pronunciaciones, todo el negocio en aquesta parte sería he-

---

* Nebrija titula el Capítulo VI de la *GC*: "Del remedio que se puede tener para escrivir pura mente el castellano". Obsérvese el cambio de *puede* en la mencionada obra por *podría* en las *RO*, que abunda sobre lo dicho en el § 1.1.

[1] Este capítulo, con las variantes más notables que señalamos, corresponde al VI del Libro I de la *GC*.

[2] "las pronunciaciones que agora representamos" (*GC*, pág. 24).

[3] "estas tres letras" (*GC*, pág. 24).

Enrique de Villena dice con relación a estos grafemas: "La *q* e la *c* conuienen en son en principio de dición; *quantidad* se escriue con *q*; *calidad* se escriue con *c*; la *k* conuiene con este son diziendo *karidad*, pero tiene esta especialidad la *k*: que no se puede poner sino en principio de dición e todavía es plenisonante" (*op. cit.*, págs. 79-80). "Pónense vnas letras por otras: ... *c* por *k*; ... por la *k* se pone *c*, como quien dize *cauallo*; ... la *q* por *c*, como en *quantidad*" (*op. cit.*, págs. 82-83). "Quien dize ... *cantar* pronuncia *k* e no se pone" (*op. cit.*, pág. 83).

cho. Mas, porque en aquello que es como lei consentida
por todos es cosa dura hazer nouedad, podíamos tener
esta templança: que la "c" valiesse por aquella boz que
diximos ser suia propria, llamándola por el nombre del
sonido que tiene, según que se haze en las otras letras
que siruen solamente por sí mesmas [4], y que la mesma
"c", puesta debaxo aquella señal que llaman cerilla, valiesse por la otra pronunciación, que responde al "çama"
hebraico, y auía de / [fol. 6 v.] responder a la figura
griega y a la "s" latina, llamándola por el nombre de la
boz que tiene [5]; y que lo que agora se escriue con "ch",
se escriuiesse con vna nueua figura, la qual se llamasse
del nombre de su fuerça; y mientras que para ello no
entreuiene el autoridad de los príncipes, o el público consentimiento de los que tienen poder para hazer vso [6], sea
la "ch" con vn título [7] encima para demostrar que aquellas dos figuras no representan la boz que le damos, y
que por aquel título suplimos el defecto. La "g", como
diximos, tiene dos officios: vno proprio y otro prestado;
también la "i" tiene otros dos: vno quando es vocal, y
otro quando es consonante, el qual concurre con la "g",
quando después della se siguen la "e" y la "i". Assí que,

---

[4] "llamandola como se nombran las otras letras por el nombre del
son que tiene; i que la ç ..." (*GC*, pág. 24).

[5] "valiesse por otra para representar el segundo oficio dela *c*, llamandola por el nombre de su boz" (*GC*, pág. 25).

[6] "el autoridad de Vuestra Alteza o el comun consentimiento
delos que tienen poder para hazer uso" (*GC*, pág. 25).

[7] "una tilde encima; por que si dexassemos la *ch* sin señal, ver-
níamos en aquel error, que con unas mesmas letras pronunciariamos
diversas cosas enel castellano i enel latin" (*GC*, pág. 25).

dexando la "g" y la "i" en sus proprias fuerças, con vna figura que añadiéssemos para representar lo que agora suplimos con la "g" y con la "i" quando les damos ageno officio, queda hecho lo que buscamos, dándoles toda vía a estas el nombre de la boz que tienen [8]. Esta figura de letra que falta podría ser la "y griega", saluo que está en vso de ser siempre vocal. Mas, porque no seamos autores de tanta nouedad, sea la "j" luenga, y entonçes la "y griega" quedará sin algún officio. La "l" tiene dos officios: vno proprio, que traxo consigo del latín, y otro prestado, quando la ponemos doblada; y, por no hazer mudança sino donde mucho es menester, dexaremos esta "ll" doblada para representar lo que por ella escreuimos agora, con dos condiciones: la primera, que le pongamos el nombre de la boz que tiene; la segunda, que, para mostrar que es vna letra, quitemos el pie a la segunda, como quando escreuimos esta parte "mill"; y assí serán éstas dos letras por el tercero principio [9]. La "n" tiene dos

---

[8] "que añadamos para representar lo que agora escrivimos con g i cuando les damos ageno oficio, queda hecho todo lo que buscamos dandoles toda via alas letras el son de su pronunciación" (*GC*, pág. 25).

Enrique de Villena: "quando la g con vocal se junta, así como a e u tiene son suave: como quien dize *plaga, dragón, daga*, e esto es con la a: e con la e así como *llegue, pague*: con la u así como *guardar, guiar*; pero quando se junta con e e con i entonçes suena fuerte: como quien dize *linagge, girón, girconça*" (*op. cit.*, pág. 78).

[9] "dexaremos esta doblada *l* para representar lo que por ellas agora representamos con dos condiciones: que quitando el pie a la segunda, las tengamos entrambas en lugar de una i que le pongamos tal nombre cual son le damos" (*GC*, pág. 25).

Villena: "La *l* se dobla para hazer la plenisonante al principio, y al medio. En el fin nunca se dobla, sino en la lengua limosina" (*op. cit.*, pág. 79).

fuerças: vna q*ue* traxo consigo d*e*l latín, y otra que le
damos agena, doblá*n*dola, o poniéndole vn título encima;
y agora, dexando la "n" senzilla en su fuerça para representar aq*ue*l sonido que le queremos dar prestado, por-
némosle vn título encima para demostrar la impropriedad
de la escriptura, como dezimos de la "ch", entendie*n*do
toda vía q*ue* son dos letras, por el mesmo tercero p*r*in-
cipio [10]. La "u" tiene dos fuerças: vna de vocal, / [fol.
7 r.] y otra de consonante [11]; también tiene dos figuras:
vna redo*n*da, de q*ue* vsamos en el comie*n*ço de las palabras, y otra de q*ue* en el medio dellas; y pues q*ue* aquella
de que vsamos en los comienços, si se sigue vocal, sie*m*-
pre es allí consonante, vsemos della siempre como de consonante, queda*n*do la otra por vocal en todos los otros

---

[10] "doblandola i poniendo encima la tilde. Mas dexando la *n* senzilla en su fuerça, para representar aquel son que le queremos dar
prestado pornemos una tilde encima, o haremos lo que enesta pronunciación hazen los griegos i latinos, escriviendola con *gn*, como
quiera que la *n* conla *g* se hagan adulterinas i falsas, segun escrive
Nigidio, varon en sus tiempos despues de Tulio el mas grave de todos y el mas enseñado" (*GC*, pág. 25).

   "La sexta regla sea que la *g* no puede estar delante *n*, salvo si le
damos aquel son que damos agora ala *n* conla tilde, enlo cual pecan
los que escriven *signo dignidad benigno* con *g* delante la *n*, pues que
en aquestas diciones no suenan con sus fuerças" (*GC*, págs. 35-36).

   "La *gn* passa en aquel son que nos otros escrivimos con *n* doblada o con *n* tilde, como de 'signum' *seña*, de 'lignum' *leña*" (*GC*,
pág. 28).

   "La *n* doblada passa en aquella boz que diximos que se avia de escrivir con *gn*, como de 'annus' *año*, de 'pannus' *paño*" (*GC*, pág. 28).
(En la ed. Galindo, Ortiz *ñ* en lugar de *gn* del incunable).

   Según Villena, los trovadores antiguos "por dezir *año*, que ponen
en lugar de la segunda *n* vna *y* griega, así *añyo*, que adulça el son;
e la tilde suple la boz de la *n* que se quita" (*op. cit.*, pág. 87).

[11] "i otra de 'vau' consonante" (*GC*, págs. 25-26).

lugares. La "x", avnq*ue* en el griego y en el latín, de don*d*e recebimos esta figura, vale tanto como "cs", por-q*ue* en nuestra lengua de ninguna cosa nos puede seruir, quedando en su figura con vn título, darémosle aquel son q*ue* arriba diximos n*uest*ra lengua auer tomado del aráuigo, llamán*d*ola por el nombre de su fuerça [12]. De los tres officios q*ue* agora tiene la "h", abaxo diremos en su lugar [13].

---

[12] Según Villena, "La *x* nunca es plenisonante, doquier que se ponga; antes muda algunas veces su son: a vezes en *c,* a vezes en *g*; así como quien dize *bux, flux,* que se escriuen con *x* y fazen son de *g*; *fix* escríuese con *x* y faze son de *c*" (*op. cit.,* págs. 80-81). "E la *x* al principio retrae el son de *s*; mas faze el son más lleno, e por eso por dezir *setaf* escriuen *xetaf* (*op. cit.,* pág. 88).

[13] Los tres oficios de la *h* los desarrolla en este mismo capítulo de la *GC,* pág. 26.

Capítulo III

De la "b" y "u" consonante o vocal.

Y dexando agora lo que se podría hazer para bien y iustamente escreuir el castellano, vengamos a lo que se haze contra toda razón de orthographía y letras, escreuiendo vna cosa y pronunciando otra, contra el segundo principio que presuposimos. El qual error, por la mayor parte acontece a causa del parentesco y vezindad que tienen vnas letras con otras, como entre la "b" y la "u" consonante; en tanto grado, que algunos de los nuestros apenas las pueden distinguir, assí en la escriptura, como en la pronunciación, siendo entre ellas tanta differencia, quanta puede ser entre qualesquier dos letras. Mas ya no nos marauillemos que los indoctos y agenos deste conocimiento yerren, pues que vemos que los griegos, en los quales parece que queda todo el saber, del todo estén perdidos en la pronunciación de su "beta", haziéndola sonar por la boz [1], que en ninguna manera ellos conocen por suya, y es propria de hebreos y latinos; y como quiera que este error es tolerable y se puede escusar, porque el son de la vna está cerca de la otra, ¿cómo defenderán aquello, que dan el mesmo son de su "beta"

---

[1] Hay que entender: por la boz de "u" consonante.

al "ypsilon", quando se sigue en diphthongo a la "alpha"
y "epsilon"? Porque si estas tres letras: "beta", "u" consonante e "ypsilon" tienen vn sonido, son vna letra, y
no tres, por el ter- / [fol. 7 v.] cero principio. En el mesmo error están los hebreos quando pronuncian su "beth"
con "raphe", como "u" consonante, porque la "beth",
con "raphe" y sin "raphe", no diffieren sino en ser floxa
o apretada, la qual differencia no haze diuerso género
de letras, no más que las otras letras que no diuersifican
la figura por ser floxas o apretadas, por el mesmo principio tercero. Deste error, ya rescebido por hebreos y griegos, se siguió otro mayor: que los intérpretes boluiessen
la "beth" o "beta" en "u" consonante, de lo qual más
diffusamente disputaremos en otro lugar. Mas, dado que
estas letras, por la vezindad que tienen entre sí, passen la
vna en la otra, ¿qué diremos que en la edad de nuestros
abuelos la "u" consonante latina boluían en "b", como
de 'ciuitas' y 'ciuis', "cibdad" y "cibdadano"? Y después
nosotros la "b" boluimos en "u" vocal, diziendo "ciudad"
y "ciudadano"; y assí, de "debdo" y "debdor" hezimos
"deuda" y "deudor", como en latín de 'ab' y 'fugio', 'au-
fugio'; otra mudança: que de 're cauta' y 'rei cautor',
nuestros abuelos hizieron "recabdo" y "recabdador", con
"b"; nosotros, "recaudo" y "recaudador", con "u" vocal,
como en el latín[2].

---

[2] "También algunas veces escreuimos *b* y pronunciamos *u* vocal,
como *cibdad, ciudad, debdo, deudo, recabdo, recaudo*" (*RO*, fol. 9 v.).

Capítulo IIII

DE TRES OFFICIOS DE LA "H".

La "h" tiene tres officios: el primero, quando representa la boz que comunmente succedió a la "f" latina, como de 'facio', 'filius', 'ficus', "hago", "hijo", "higo"; y avn los antiguos, en vida de nuestros abuelos, dezían "fago", "fijo"; y entonces es letra, pues que representa boz y se puede escreuir por la primera diffinición. El segundo officio de la "h" es quando se pone antes de la "u", la qual, porque a las vezes es vocal, y a las veces consonante, anteponemos la "h", no porque tenga sonido alguno, mas para demostrar que la "u" es vocal y no consonante, como diziendo: "huerto", "hueuo", "huesped"; porque si la "h" no se antepusiesse, por ventura leerias "verto", "veuo", "vesped", por "u" consonante; y entonces no es letra, ni le compete la diffinición de letra, pues que no representa boz alguna, ni otro algún vso tiene, sino el que diximos. El tercero officio de la "h" es quando se pone después de la "c" para representar aque- / [fol. 8 r.] lla boz que es propria de España, ni hai entre nosotros figura de letra con que se pueda escreuir, como en estas palabras: "mucho", "muchacho"; porque ni la "c" ni la "h", ni entrambas iuntas, pueden representar aquel sonido que les damos; mas pónense ambas para suplir aquel defecto de la figura, que dezíamos que para ello era menester, el qual quisieron significar por vna tilde, que acostumbramos poner encima. Otro officio tiene, no tan necessario como los de arriba, y es que en algunas palabras que en el latín tienen aspiración, quando las boluemos en romance, dexámosla, no para que suene, mas para que a imitatión de los latinos acompañe la vocal que se sigue, como diziendo "honra", "humanidad", "humildad" [1].

---

[1] "La *h* entre nos otros tiene tres oficios: uno proprio, que trae consigo enlas diciones latinas, mas no le damos su fuerça, como enestas *humano humilde*; donde la escrivimos sin causa, pues de ninguna cosa sirve; otro, cuando se sigue *u* despues della, para demostrar que aquella *u* no es consonante sino vocal, como enestas diciones *huesped huerto huevo*, lo cual ia no es menester, si las dos fuerças que tiene *u* distinguimos por estas dos figuras *u v*; el tercero oficio es cuando le damos fuerça de letra haziendola sonar como enlas primeras letras destas diciones *hago hijo*, i entonces ia no sirve por si, sino por otra letra, i llamarla hemos 'he', como los judios y moros, delos cuales recebimos esta pronunciación" (*GC*, pág. 26).

Escribe Enrique de Villena: "e porque la *h* en principio de palabra faze la espiración abundosa, en algunas diçiones, pusieron en su lugar *f*, por temprar aquel rigor, así como por dezir *hecho* ponen *fecho*, e por *herando*, *ferando*" (*op. cit.*, pág. 86). "*honor* pónese *h* e no se pronunçia; *ha*, por *tiene*, pónese *h* e no se pronunçia; en los nombres propios pónese *h* e no se pronuncia: *Marcho*" (*op. cit.*, pág. 84).

Capítulo V

De la "r" y de la "s".

Acontece a las letras ser floxas o apretadas, y por consiguiente, sonar poco o mucho, como la "r" y la "s", porque en comienço de la palabra suenan dobladas o apretadas, como diziendo "rei", "Roma", "sabio", "señor" [1]. Esso mesmo en medio de la palabra suenan mucho si la síllaba precedente acaba en consonante y la siguiente comiença en vna dellas, como diziendo: "Enrique", "honrado", "bolsa", "ánsar"; de donde se conuençe

---

[1] Entresacamos los párrafos del Capítulo X, Libro I de la *GC* que coinciden con éste (págs. 34-35):

"la lengua castellana no dobla sino la *r* i la *s*, porque todas las otras consonantes se pronuncian senzillas, estas dos alas vezes senzillas, alas veces dobladas: senzillas como *coro cosa*, dobladas como *corro cosso*".

"Dedonde se convence el error delos que escriven con doblada *r rrei* enel comienço, i enel medio *onrra* ... I si dizes que, porque en aquellas diciones i otras semejantes suena mucho la *r*, por esso se deve doblar si queremos escrivir como pronunciamos, a esto dezimos que proprio es delas consonantes sonar mas en el comienço delas silabas que en otro lugar: mas por esta causa no se han de doblar no mas que si quisiesses escrivir *ssabio* i *conssejo* con doblada *s*, porque en aquellos lugares suena mucho la *s*".

Escribe Villena: "cuando la *r* es semisonante no se dobla *ara ira*, quando es plenisonante dóblase, *error*. En prinçipio de diçión es plenisonante, no se dobla, *Rey, Roque, Roçín*. En los nombres propios, en medio de diçión es plenisonante y no se dobla *Enrique, Ferando*" (*op. cit.*, pág. 79).

el error de los que escriuen con "r" doblada "rei" y "Enrique"; pero si la síllaba precedente acaba en vocal, la "r" o la "s" en que comiença la síllaba siguiente suena poco, como diziendo "vara", "pero", "vaso", "peso"; pero si suenan apretadas, doblarse han en medio de la palabra, como diziendo: "amassa", "passa", "carro", "jarro". De donde se puede coger, quándo estas dos letras se han de escreuir senzillas, y quándo dobladas, mirando a la pronunciación, si es apretada, o si es floxa; y si es en el comienço de la palabra, o en el medio; y acontece que vna mesma palabra, y pronunciada en vna mesma manera, se puede escreuir a las vezes con vna "s" senzilla, a las vezes con doblada "s", como diziendo: "fuese", que es pretérito de "vo", "fue" en el indicatiuo, y "fuesse", de "so", "fue" [2] en el optatiuo y subiunctiuo, como si dizes "fuese el men- / [fol. 8 v.] sajero", o diziendo "si fuesse venido el mensajero", porque el primero "fuese" es compuesto de "fue" y "se", y porque la "s" está en comienço de palabra suena como doblada; el segundo "fuesse" es vna palabra, y para sonar apretada, escríuese con dos "ss"; y assí en otros muchos, como "ámase" y "amásse", "enséñase" y "enseñásse" [3].

---

[2] En el texto: y "fuesse", de "se", "fue".

[3] La acentuación de los cuatro últimos ejemplos aparece así en el texto original.

Capítulo VI

DE TRES OFFICIOS DE LA "U".

La "u" tiene tres officios[1]: el primero es quando sirue por vocal; quiero dezir, que suena por sí, o pura, como diziendo: "vso", "causa", o con alguna consonante, como diziendo: "bueno", "cuerpo"; el segundo officio es quando se pone en lugar de consonante; quiero dezir, que hiere alguna vocal, como diziendo: "vo", "vengo"; el tercero officio es quando después de la "q" o de la "g", se pone para representar el sonido que auíamos de dar a la "c" o a la "g", siguiéndose la "e" o la "i"; porque por el quinto principio, si las consonantes igual mente passan sus fuerças a las vocales que se siguen, la "c" y la "g" assí auían de sonar con las vnas vocales, como con las otras; y dándoles agora diuersos sonidos, como está en el vso, ia no sería vna letra, sino dos, por el tercero principio; pues que la diuersidad de las letras no está en la diuersidad de las figuras, sino de la voz; y porque en el castellano los veruos de la primera coniugación forman el pretérito mudando la "o" final graue de la pri-

---

[1] "La *u*, como diximos dela *i*, tiene dos oficios: uno proprio, cuando suena por si como vocal, assi como enlas primeras letras destas diciones *uno uso*; otro prestado cuando hiere la vocal, la cual pronunciacion suena enlas primeras letras destas diciones *valle vengo*" (*GC*, págs. 23-24).

mera persona singular del presente del indicatiuo en "e"
aguda, como de "ámo", "io amé"; de "enséño", "io en-
señé"; de "oluido", "io oluidé", siguiendo la proporción,
auíamos de dezir y escreuir de "peco", "io pecé", y dezimos "pequé"; y de "saco", "saqué" por "sacé"; y de "trueco", "troqué" por "trocé", porque ia a la "c" con la "e"
no le damos la boz suia propria, mas tomamos la "q"
en lugar de la "c", porque son vna mesma letra por el
quinto principio, pues no diffieren en la pronunciación;
y porque no puede venir sino acompañada de la "u", en
lugar de la "c" ponemos la "q" y la "u" para suplir lo
que se auía de escreuir con la "c" sola². E otro tanto podemos dezir de la "g" que porque agora le damos diuersas bozes con la "a", y "o", y "u", que con la "e", y con
la "i", que en el pretérito después de la "g" ponemos "u"
para que suenen igualmente todas las cinco / [fol. 9 r.]
vocales, como diziendo: "llego", "llegué"; "ruego", "ro-
gué"; "huelgo", "holgué". De donde se sigue que la "u"
ya no es vocal, ni consonante, mas pónese para suplir el
defecto de la "q" y de la "g", las quales, sin ella, no podían representar el sonido que se requiría en aquellos
lugares que diximos. Hállase alguna vez que la "u", después de la "g", siguiéndose "e", tiene su voz entera, como
en "güero", agüero", y en los pretéritos destos verbos:
"menguo", mengüe", "aueriguo", "auerigüe"; "fraguo",

---

² "La q delante ninguna consonante se puede poner, por que
siempre despues della se sigue u enel latin floxa, enel castellano vocal
cuando se sigue a, muerta cuando se siguen e i" (GC, pág. 33).

"fragüe"; "santiguo", "santigüe" [3], y en otros lugares se escriue y no se pronuncia, o se pronuncia y no se escriue, o se haze lo vno y lo otro, como diziendo "él vos dixo", "él os dixo".

---

[3] Sin diéresis en el original, en ninguno de los casos.

Capítulo VII

Que se puede escreuir lo que no se lee, y por el contrario.

E porque diximos en el segundo principio que assí tenemos de escreuir como hablamos, y hablar como escreuimos, acontece muchas vezes que, siguiendo alguna razón, traspassamos aquella regla; como en aquello que hazen los griegos en prosa y verso, los latinos solamente en verso: que quando alguna dición acaba en vocal y luego esso mesmo comiença en vocal, callamos la primera, avnque se escriua; y por el contrario, no la escriuiendo, la pronunciamos; a las vezes, escreuimosla y pronunciamos; a las vezes, ni la escreuimos ni pronunciamos; como diziendo: "despues quel pintor del mundo", de "que" y "el" hezimos vna syllaba, y diximos "quel". Podíamos también allí escreuir vna syllaba, y pronunciar dos; podíamos escreuir dos, y pronunciar vna; y assí, podíamos escreuir: "es nuestro amigo", y pronunciar "nuestramigo", y escreuir "es nuestramigo", y pronunciar "es nuestro amigo"; y escriuiendo como pronunciamos: "es nuestro amigo" y "es nuestramigo" [1]. Escreui-

---

[1] "Alas vezes ni escrivimos ni pronunciamos aquella vocal, como Juan de Mena.

Despues quel pintor del mundo,

mos esso mesmo en algunos lugares, "l" senzilla y pro-
nunciámosla doblada, como quando a los nombres femininos que comiençan ² en "a", porque no se encuentre
vna "a" con otra y haga fealdad en la pronunciación,
dexamos el artículo del feminino y tomamos el artículo
del masculino, como por dezir: "la alma", "la aguja",
"la açada", dezimos con doblada "l": "ell alma", "ell aguja", "ell açada", / [fol. 9 v.] pero escreuimos "el alma",
"el aguja", "el açada". Con las otras vocales, lo vno y lo
otro escriuimos y pronunciamos, como diziendo: "la espada", "el espada", "ell espada" ³. Mudamos también la
"r" final del infinitvo en "l", y con la "l" del nombre
relatiuo "le", "lo", "la", "les", "los", "las", pronunciamos
aquel son que diximos ser proprio de nuestra lengua, y
por dezir "a Dios deuemos amarlo" y "amarle", dezimos

por dezir *Despues que el pintor de el mundo.* Alas vezes escrivimosla
i no la pronunciamos, como el mesmo autor enel verso siguiente:

Paro nuestra vida ufana

callamos la *a* i dezimos *Paro nuestra vidufana.* E esto no sola mente
enla necesidad del verso mas aun enla oracion suelta. Como si escri-
viesses *nuestro amigo esta aqui,* puedeslo pronunciar enesta manera
nuestramigo staqui" (*GC,* pág. 48).

² En el texto: "comiença".

³ "Mas avemos aqui de mirar que cuando algun nombre feminino
comiença en *a,* por que no se encuentre una *a* con otra y se haga fealdad enla pronunciacion, en lugar de *la* ponemos *el,* como *el agua, el
águila, el alma, el açada;* si comiença en alguna delas otras vocales por
que no se haze tanta fealdad, indiferente mente ponemos *el* o *la,* como
el enemiga, la enemiga, pero enel plural siempre les damos el articulo
delas hembras, como *las aguas, las enemigas"* (*GC,* págs. 68-69).

Las formas *ell alma, ell aguja, ell açada, ell espada* son aún conservación de la primitiva articulación palatal del artículo femenino
'illa' (véase MENÉNDEZ PIDAL, *Gramática Histórica,* pág. 261).

"amalle" y "amallo" [4]; y a los santos "honrralles" y "honrrallos", por "honrrarles" y "honrrarlos". También algunas vezes escreuimos "b" y pronunciamos "u" vocal, como "cibdad", "ciudad", "debdo", "deudo", "recabdo", "recaudo". Otras vezes escreuimos "s" y pronunciamos "g"; y por el contrario, escreuimos "g" y pronunciamos "s", como "io ge lo dixe", por "se lo dixe". A las vezes, seguimos el orthographía griega y latina, avnque no pronunciamos como escreuimos, como en "philosopho" y "thálamo", porque escreuimos "ph" y "th" y pronunciamos "f", "t" sotil [5]; escreuimos "signo", "magnífico", "magnánimo", "benigno", con "g", y pronunciamos "sino", "manífico", "manánimo", sin "g". No quiero dissimular agora lo que todos en esta parte comúnmente yerran, poniendo la "n" delante la "b", y la "m", y la "p", porque delante de aquellas más suena "m" que "n", y por esta causa escreuiremos en aquellos lugares "m", y no "n", como en "embargo", "embiar"; "empacho", "emperador"; "emmotar", "emmudecer" [6].

---

[4] En el texto: "a Dios deuemos amallo" y "amalle", dezimos "amarle" y "amarlo".

[5] A propósito de las letras que se ponen y no se pronuncian, escribe Villena: "Quien dize *philosophía* pronunçia *f*, e no se pone" (*op. cit.*, pág. 83).

[6] A propósito de las nasales en posición silábica postnuclear, donde en castellano se neutralizan, nos dice Villena: "La *m* e la *n* conuienen en son algunas vezes en medio de dición, así como diziendo *tiempo*. que aunque se escriue con *n* faze el mismo son, e por eso algunos lo escriuen con *n*, auiéndose de escrevir con *m*" (*op. cit.*, pág. 80). "la *m* [se muda] en *n*: *compromisso* (algunos se atreuen a escreuir *conpromisso*)" (*op. cit.*, pág. 82). "por la *m* se pone *n*, como quien dize *tienpo*, ca se auía de escreuir con *m*, pero según el vso moderno se escriue con *n*" (*op. cit.*, pág. 83).

Capítulo VIII

Que en la pronunciación muchas veces la proporción falta.

No hai cosa que tanto nos guíe en la coniugación de los verbos, como la proporción y semejança de vnos a otros; y esto, no solamente en el griego y latín, mas avn en el castellano; pero esta muchas vezes nos engaña, porque el vso de los sabios siempre vence, y por esto dize Quintiliano, que la proporción no tiene fuerça en la razón, sino en el exemplo. Como si porque la primera coniugación castellana[1] forma el pretérito de la primemera persona singular del presente del indicatiuo mudando la "e" final graue en "e" aguda, como de 'amo', 'amar', "yo amé", de 'alabo', 'alabar', "yo alabé", de 'burlo', 'burlar', "yo burlé", alguno, siguiendo la proporción, formasse: de / [fol. 10 r.] 'andar', "yo andé", y de 'estó', 'estar', "yo esté", contra el común vso de los doctos que tiene: de 'ando', "yo anduue", y de 'estar', "yo estuue"; y en la segunda coniugación, si porque la "o" final graue del presente se muda en "i" aguda del pretérito, y de 'leer' dezimos "leo", "yo leí", de 'correr', "corro", "yo corrí", de 'coger', "cojo", "yo cogí", por la proporción al-

---

[1] Lo que sigue sobre la formación de los verbos está resumido del Libro V, Capítulos 5-9, de la *GC*.

guno dixesse: de 'poner', "pongo", "yo ponguí"; de 'tener', "tengo", "yo tenguí"; de 'hazer', "hago", "yo haguí";
de 'querer', "quiero", "yo querí"; de 'poder', "puedo", "yo
podí"; de 'caber', "cabo", "yo cabí"; teniendo el vso de
los que saben: por 'ponguí', "yo puse"; por 'tenguí', "yo
tuue"; por 'haguí', "yo hize"; por 'querí', "yo quise"; por
'podí', "yo pude"; por 'cabí', "yo cupe"; y por 'sabí', "yo
supe"; y en la tercera coniugación: de 'venir', 'vengo',
no dezimos "venguí", sino "vine"; y de 'dezir', 'digo', no
dezimos "diguí", sino "dixe". Siguiendo esso mesmo la
proporción, como de 'lees', dezimos "leo"; y de 'corres',
"corro"; y de 'cabes', "cabo", auíamos de dezir 'sabo' de
"sabes", y con el vso dezimos "se". También, porque el
castellano no tiene futuro del indicatiuo, y por esso lo
suple por el infinitiuo y este verbo: "e", "as", "a", "emos",
"eis", "an", diziendo: "io amaré", "tú amarás", "alguno
amará"; "io leeré", "tú leerás", "alguno leerá" [2]. Si quisiesses, siguiendo la proporción, dezir: de 'tengo', "tener",
"teneré"; de 'pongo', "poner", "poneré"; de 'hago', "hazer", "hazeré"; de 'cabo', "caber", "caberé"; de 'quiero',
"querer", "quereré"; de 'puedo', "poder", "poderé"; de 'e'
"auer", "aueré"; de 'vengo', "venir", "veniré"; de 'digo',
"dezir", "deziré"; vernía contra el vso, que tiene: por 'teneré', "terné"; por 'poneré', "porné"; por 'hazeré', "haré";
por 'caberé', "cabré"; por 'saberé', "sabré"; por 'quereré',
"querré"; por 'poderé', "podré"; por 'aueré', "auré"; por
'veniré', "verné"; por 'deziré', "diré". E otro tanto en

---

[2] Recordemos que Nebrija fue el primero que señaló la naturaleza compuesta de nuestro futuro.

el pretérito imperfecto del subiuntiuo: por 'tenería', "ter-
nía"; por 'ponería', "pornía"; por 'hazería', "haría"; por
'cabería', "cabría"; por 'querería, "querría"; por 'podería',
"podría"; por 'veniría', "vernía"; por 'deziría', "diría";
por 'sabería', "sabría". Podíamos esso mesmo engañar la
proporción en los lugares donde la "e" se suelta en "ie"
diphthongo, y la "o" en "ue", lo qual acontece en la primera, y segunda, y tercera personas del singular, y en
la tercera del plural del presente del indicatiuo, y en el
imperatiuo, y futuro del optatiuo, y presente del subiunctiuo / [fol. 10 v.]; como diziendo: de 'perder', "io
pierdo", "tú pierdes", "alguno pierde", "algunos pierden", "pierde tú", "pierda alguno", o "si io pierda", "tú
pierdas", "alguno pierda", algunos pierdan", como "io
pierda", "tú pierdas", "alguno pierda", "algunos pierdan",
porque quasi en todos los otros lugares la "ie" se buelue
en "e", como en la primera y segunda persona del plural del presente del indicatiuo: "nos perdemos", "vos
perdeis", y en todo el pretérito imperfecto: "io perdía",
"tú perdías", etc., y en todo el pretérito perfecto: "io
perdí", "tú perdiste", etc. y en todo el futuro, porque se
suple del infinitiuo, que es "perder": "io perderé", "tú
perderás", etc. y en la primera y segunda persona del plural del imperatiuo: "nos perdamos", "vos perdais", con
sus semejantes las del futuro del optatiuo y presente de
subiunctiuo, y en todo el presente del optatiuo con el pretérito imperfecto del subiunctiuo: o "si io perdiesse", "tú
perdiesses", etc., y todo el futuro del mesmo subiunctiuo,
como: "io perdiere", "tú perdieres". Pero en algunos verbos de la tercera coniugación, en la primera y segunda

persona del plural del imperatiuo, con sus semejantes la
"ie" se buelue en "i", como diziendo: de 'siento', "nos
sintamos", "vos sintais"; de 'miento', "nos mintamos",
"vos mintais"; de 'arrepiento', "nos arrepintamos", "vos
arrepintais". Lo que diximos de la "ie", que se buelue
en "e", dezimos agora de la "ue", que se buelue en "o"
en los mesmos lugares, como diziendo "io trueco", "tú
truecas", "alguno trueca", "nos trocamos", "vos trocais",
"algunos truecan". Juan de Mena synéresin hizo en aquel
verso de las Trezientas: "estados de gentes que giras e
trocas", por "truecas"; y assí en todos los otros lugares
donde mudauamos "ie" en "e", mudamos "ue" en "o",
y pocas vezes en "u", como en el imperatiuo: "muramos",
"murais". En otros lugares de la coniugación, mudamos
la "i" en "e", a causa de la sonoridad, como de "siruo",
"sirues", "sirue", dezimos en el plural "seruimos", "ser-
uís", y después boluemos a la "i" diziendo "siruen", y assí,
"digo", "dizes", "dize", "dezimos", "dezís", "dizen"; "mi-
do", "mides", "mide", "medimos", "medís", "miden";
"gimo", "gimes", "gime", "gemimos", "gemís", "gimen";
"río", "ríes", "ríe", "reímos", "reís", "ríen"; "rijo", "riges", "rige", "regimos", "regís", "rigen"; / [fol. 11 r.]
"sigo", "sigues", "sigue", "seguimos", "seguís", "siguen",
y otros semejantes, de los quales ni se puede dar otra regla, sino que siruamos a la sonoridad.

Capítulo IX

De la orden de las letras.

Entre los accidentes [1] de la letra, los gramáticos cuentan la orden, porque en la pronunciación, vnas se pueden conseguir a otras, y otras no; como a la "b", la "l" y la "r", diziendo "blanco", "braço", mas, no por el contrario, la "b" se puede seguir a qualquiera dellas, diziendo "lbanco", "rbaço" [2]; y dexada agora la orden que las vocales tienen entre sí, quando por diphthongo se cogen en vna syllaba, vengo a la orden de las consonantes. La lengua hebráica tiene en esta parte vna cosa apartada de todas las otras lenguas: que nunca dos consonantes o más pueden herir la vocal en el principio ni en el medio de la palabra, y, mucho menos, seguirse después de la vocal; de manera, que ninguna parte de la oración puede començar ni acabar en dos consonantes; y si vienen en medio de dos vocales, la primera consonante pertenece a la vocal precedente, y la segunda a la siguiente, como

---

[1] Resume el Capítulo IX del Libro I de la *GC,* págs. 31-34, titulado *Dela orden de las consonantes entre sí.*

[2] "La *b* ante la *c* en ninguna manera se sufre; ante la *d* ponese en algunas diciones peregrinas, como 'bdelium' que es cierto arbol i genero de goma, 'Abdera' que es ciudad de Thracia; ante la *l r* puedese aiuntar, como enestas diciones *blanco braço*; ante las otras consonantes no se puede sofrir" (*GC,* pág. 33).

diziendo "abram", "acran", la 'b" y la "c" se deletrean
con la "a" primera, y la "r" de ambas con la "a" que se
sigue. Pero el griego y el latín sufre que dos o tres consonantes puedan herir la vocal en el comienço y medio
de la dición, como en 'Strabo', "strenuus", y acabar en
dos, como en "lynx", "gens"; el latín, en sola vna palabra, "stirps", recibe tres consonantes despues de la vocal.
El castellano, en comienço de la dición, no sufre más de
dos consonantes antes de la vocal, y otras dos en el medio,
como en "braço", "obra"; sufre también dos consonantes
al fin, mas solamente en las palabras cortadas, como en
"grand", por "grande"; en "sant", por "santo"; en "cient",
por "ciento". Pero quando del griego o latín passamos
en castellano alguna palabra que comiença en tres consonantes, de las quales la primera de necessidad es "s" siempre, se antepone vna "e", para que sobrella cargue la "s"
y se aliuie la pronunciación de la consonante o consonantes que se han de juntar con la vocal / [fol. 11 v.] siguiente, como diziendo "Estrabon" por 'Strabon', "escriuo" por 'scribo", "esmaralda" por 'smaragdus' [3]. Assí, que

---

[3] "Enel latin tres consonantes pueden silabicarse con una vocal
antes della, i otras tres despues della, como enestas diciones 'scrops',
por el *hoio,* 'stirps', por la *planta*; mas, si tres preceden, no se pueden seguir mas de dos, i, por el contrario, si tres se siguen, no pueden
preceder mas de otras dos. Enel castellano nunca pueden estar antes
dela vocal mas de dos consonantes, i una despues della, i, por consiguiente, nunca mas de tres entre dos vocales; i en tanto grado rehusa
nuestra lengua silabicar muchas consonantes con una vocal, que cuando bolvemos de latin en romance las diciones que comiençan en tres
consonantes i algunas vezes las que tienen dos, anteponemos *e* por
aliviar de una consonante la vocal que se sigue, como enestas diciones

será la orden de las consonantes en nuestra lengua la
mesma que en el griego y latín, en las quales, la primera
regla es: que si entre dos vocales viene vna consonante,
aquella pertenecerá a la vocal siguiente como diziendo
"amo"; pero si la palabra es compuesta de dos palabras,
desatada aquella composición, daremos a cada vna dellas
su consonante, como "desamo", que se compone de "des"
y "amo"; "desdigo" de "des" y "digo"; pero si entre dos
vocales vienen dos consonantes o más, o todas ellas pertenecen a la vocal siguiente, o parte dellas, de lo qual damos estas reglas: la primera, que si después de la "b" se
siguen "l" o "r", entrambas van con la vocal siguiente,
como en "habla", "obra". A la "c" se pueden seguir "l"
y "r", como en "esclarescido", "escriuo"; y en las palabras
latinas "t", como en "docto", "perfecto" [4]. A la "d" se
puede seguir "r", como en "ladron", "Pedro" [5]. A la "f",
se pueden seguir "l" y "r", como en "afloxar", "cifra" [6].

'scribo' *escrivo*; 'stratum' *estrado*; 'smaragdus' *esmaralda*. En dos consonantes ninguna dicion acaba, salvo si pronunciamos como algunos
escriven: *segund* por *segun* i *cient* por *ciento, grand* por *grande*"
(*GC*, págs. 32-33).

[4] En el texto: "y en las palabras latinas docto, perfecto".

"La *c* puedese juntar conla *l r*, como enestas diciones *claro creo*,
i, enlas palabras peregrinas, conla *m n t*, como en 'Piracmon', nombre
proprio, 'aracne' por el *araña*; 'Ctesiphon', nombre proprio; conlas
otras consonantes nunca se puede silabicar" (*GC*, pág. 33).

[5] "La *d* puedese poner delante la *r*, i, enlas diciones peregrinas,
conla *l m n*, como enestas diciones 'drago', 'Abodlas' nombre de un
rio, 'Admeto' nombre proprio, 'Cidnus' nombre de un rio; conlas otras
letras no se puede juntar" (*GC*, pág. 33).

[6] "La *f* ponese delante la *l r*, como enestas diciones *flaco franco*;
mas no se puede sofrir con ninguna delas otras consonantes" (*GC*,
pág. 33).

A la "g" se pueden seguir "l" y "r", como en "siglo", "negro"; y en las palabras latinas, "n", como en "digno", "signo" [7]. La "l" delante de ninguna otra consonante se pone, y ella puede suceder a la "b", "c", "f", "g", "p", "t", como ya lo diximos y diremos en su lugar. La "m" a ninguna otra consonante se prepone sino a la "n", y solamente en las diciones griegas y latinas de que algunas vezes vsamos en el castellano, como en "condemno", "solemne", donde algunos entreponen "p" falsamente [8]. La "p" se antepone a la "l", "r", como en "simple", "siempre", y a la "t" en las diciones latinas de que vsamos en el castellano, como en "escriptura", "ruptura", "septa" [9]. A la "q", ninguna consonante se puede seguir, pero puede seguirse "u" vocal o "u" ociosa quando se siguen "e", "i" [10]. La "r" delante de ninguna consonante se pone, y ella puede suceder a la "b", "c", "d", "f", "g", "p", "t", "u" consonante, como en los exemplos passados, y en este verbo "aurá", "auré", "auría" [11]. La "s" en griego y latín puédese poner delante la "b", "c", "d", "g", "l", "m", "p",

---

[7] "La g puedese poner delante la l r, i, enlas diciones latinas, delante la m n, como enestas 'gloria' 'gratia' 'agmen' por muchedumbre, 'agnosco' por reconocer; conlas otras consonantes no se puede sufrir" (GC, pág. 33).

[8] "La m nunca se puede poner delante de otra consonante, salvo delante la n enlas diciones peregrinas como 'mna', por cierta moneda, 'amnis', por el rio" (GC, pág. 33).

[9] "La p puedese poner delante la l r, i, enlas diciones peregrinas, delante la n s t como enestas diciones plaça prado, 'pneuma' por espiritu, 'psalmus' por canto, 'Ptolomeus' nombre proprio" (GC, pág. 33).

[10] En el texto: "A la q a ninguna consonante se puede seguir". Véase nota 2 del Capítulo VI.

[11] "La r delante de ninguna consonante se pone, antes ella se sigue a algunas dellas" (GC, págs. 33-34).

"q", "t", pero en el castellano siempre se le antepone "e", para que se incline sobrella, de lo qual diximos en otro lugar[12]. A la "t", puédese se- / [fol. 12 r.] guir "r", como en "letra"[13]. A la "u" consonante, solamente se puede seguir "r", como agora diximos[14]. A la "x", ninguna consona*n*te se puede seguir[15]. Desta orden se puede coger, de las consonantes que vienen entre dos vocales, quáles pertenecen a quáles, assí para deletrear y pronu*n*ciar, como para cortar las palabras en fin de renglón quando escreuimos.

Fin

Fue impresso el presente tratado en la villa de Alcalá de Henares por Arnao Guillé*n* de Brocar. Acabóse a doze días del mes de mayo: año del nascimie*n*to de nuestro Saluador Iesu X*r*i*st*o, de mill y quinientos y diezisiete años.

---

[12] Véase más arriba, y "La *s* enel castellano en ninguna dicion se puede poner enel comienço con otra consonante, enel medio puedese juntar con *b c l m p q t*" (*GC*, pág. 34).

[13] "La *t* enel castellano nunca se pone sino delante la *r*, enlas diciones peregrinas puedese poner delante la *l m n* como enestas diciones *trabajo, Tlepolemo* por un hijo de Ercules, *Tmolo* por un monte de Cilicia, *Etna* por Mongibel monte de Sicilia" (*GC*, pág. 34).

[14] "La *v* consonante no se puede poner enel latin delante otra consonante, ni enel castellano, salvo ante la *r* en un solo verbo *avre avras avria avrias,* lo cual haze nuestra lengua con mucha gana de hazer cortamiento en aquellos tiempos, como lo diremos mas larga mente abaxo en su lugar" (*GC*, pág. 34).

[15] "La *x* i *z* delante ninguna consonante se pueden poner enel griego i latin, aunque enel castellano dezimos *lazrado* por lazerado" (*GC*, pág. 34).

EDICIÓN FACSIMILAR

Prologo o prefacion del maestro Antonio de lebrixa
enla obra que hizo sobre el orthographia del castellano:
dedicada al muy noble z assi sabio z prudente varon el
doctor Lorenço de caruajal senador del alto cósejo dela
Reyna z Rey nuestros señores.

Os dias passados quando vra merced entrego a Arnao guillen la historia del muy esclarescido Rey don
juan el segundo:para que la imprimiesse:le dixe q́ esta
razó de letras que agora teniamos enel vso del castellano:por
la mayor parte estaua corrópida. No digo io agora: q́ las palabras antiguas se ouiessen de reformar en otras nueuas:por
que esto.seria corróper los libros:z no emendallos. Mas digo que el dia de oi ninguno puramente escriue nra légua por
falta de algunas letras:que pronunciamos z no escreuimos:
z otras por el contrario que escreuimos z no pronunciamos.
I si los principes de nuestro siglo fuessen tá codiciosos de eter-
nidad:como aquellos antiguos:de cuias hazañas nos espá-
tamos:cuyas virtudes nunca nos hartamos de alabar igua
lando las conel cielo:no dexariá por cierto tal ocasion de imor
tal gloria q́ dellos para siépre quedasse:especialméte en cosa q́
es la mas fauorable:de quátas los óbres han hallado. Por
que ni Palamedes enla guerra de Troia gano tanto nóbre
en ordenar las batallas:en dar las señas:en comúicar el apel
lido:en repartir las rondas z velas:en hallar los pesos z medi
das:quáta enla inuécion de quatro letras:la y griega z tres q́
se aspirá.ch.ph.th. Ni simonides poeta lyrico vno dlos nueue
que Grecia celebra:tanta opinion y estima dexo de si en aq́l su
diuino poema:quáta en hallar otras cinco letras.tres dobla-
das.x.z.ps.z dos siépre luengas.eta.z o mega. Ni los phenices alcançaró tan esclarecida fama de su posteridad:en hallar
los trabucos z hódas:en endereçar su nauigació al tino delas
estrellas:en edificar muros z torres:en enbiar sus poblacio-

✠

nes por todo el mundo:quãto en ser los pmeros q̃ hallarõ las
letras . Ni cadmo hijo de Agenor rei dlos mismos phenices
tãto es métado por la inuenciõ dlos metales z fundiciõ dllos:
ni por auer hallado los mineros de piedra pa edificar : ni por
auer poblado la ciudad d de thebas en boecia : quãto por auer
traydo las letras d su tfra:z auerlas comũicado alos griegos
Pero dremos alos phenices entera aq̃lla su gfa:q̃ fueron los
primeros inuẽtores dlas letras: z a Cadmo q̃ de phenicia las
traxo a grecia:q̃ necessidad touierõ palamedes z simonides d
buscar lo q̃ no faltaua:pues q̃ sin aq̃llas figuras d letras q̃ ha
llarõ:se podia mui biẽ escreuir el griego? Que necessidad touo
Claudio empador de oñétar su ãtisigma:pues q̃ por la.ps . se
podia representar aq̃lla boz. No pieso ioq̃ por otra causa estos
se mouian:sino porq̃ dellos q̃dasse alguna memoria.E agora
nfos principes teniẽdo tã aparejada la materia pa ganar hõr
ra :en mostrar seis figuras d letras q̃ nos faltan:z sin las q̃les
no podemos escreuir nfa légua:dissimulã lo z passan por ello
no curãdo de proueer a tãta necessidad:ni a tã poca costa z tra
bajo cõseguir tã glioso renõbre ẽtre los psentes:z los q̃ estã por
venir.Esto q̃se señor entre tãto testificar a vfa lipieza z genero
so animo:porq̃ por auẽtura en algũ tpo me sera buen interces
sor pa poner en obra este mi cuidado.El qual a mi peligro ya
auria puesto so la cẽsura dl pueblo:sino q̃ temo q̃ pa juzgar dlla
se hara lo q̃suele cõtando los votos z no põderãdolos. Como
vemos q̃ se hizo enel comiẽço dl põtificado de Nicolao q̃nto:q̃
poniẽdose en dubda si la.c.de aq̃l nõbre auia de ser aspirada o
sotil: metida la cosa a ptido d votos:ẽtre copistas z escriptores
dla vna pte:z los varones doctos d aq̃l tipo dla otra: vencio la
ignorãcia.porq̃ tuuo mas votos:z por aquellos dada la sentẽ
cia:comẽçarõ todos a escreuir nicholaꝰ cõ ch.enel q̃l error avn
los niños agora no caẽ. Otro tãto se hizo en tpo de sisto el segũ
do q̃ llamandose el pmero xysto cõ.x.z y.griega:tãto pudo la
ignorãcia delos cortesanos q̃ por xysto trastrocadas las pme
ras letras z mudada la.y.griega en latina escriuieron sixto.

¶Reglas de orthographia en la
lengua castellana cõpuestas por el Maestro
Antonio de lebrixa.

Entre todas las cosas que por experiencia los ombres hallaron:o por reuelaciõ diuina les fueron demonstradas para polir τ adornar la vida humana:ninguna otra fue tã necessaria:ni que maiores prouechos nos acarreasse: que la inuencion de las letras. La qual parece q̃ ouo origen de aquello: que ante que las letras fuessen halladas: por imagines representauan las cosas : de que querian dexar memoria.como por la figura de la mano diestra tendida significauã la liberalidad.τ por ella mesma cerrada el auaricia.por la oreja la memoria.por las rodillas la misericordia. por vna culebra enroscada el año:τ assi delas otras cosas. Mas por q̃ este negocio era infinito τ muy confuso:el primero inuẽtor de letras quien quiera que fue:miro quantas differentias de bozes avia en su lengua:τ tantas figuras de letras hizo : por las quales puestas en cierta orden represento todas las palabras que quiso:assi para su memoria:como para hablar con los absentes:τ los que estan por venir. Assi que no es otra cosa la letra:sino traço o figura:por la qual se representa la boz. Mas assi como es la cosa mas prouechosa de quantas los ombres hallaron : assi es la mas facile dese corromper:τ en que el dia de oy mas se yerra no solamente enlas lenguas peregrinas: mas enesta nuestra castellana:enla qual por la mayor parte escriuimos vna cosa:τ pronunciamos otra cõtra el uso de aquello para que fueron halladas.τ por esta causa pense de poner algun remedio:assi para emendar lo que esta escripto : como para lo que de aqui adelante se ouiere de escriuir.τ por que en toda sci

a

encia que ꝓcede poꝛ demonstracion:se han de pꝛesuponer las
diffiniciones delos terminos de aꝗlla sciēcia:de donde se puc
de saber ꝗ es aꝗllo deꝗ se disputa:ꝛ los pꝛincipios esso mesmo
ꝗ los griegos llaman dignidades:ꝛ los latinos cõmunes cõ
ceptos ꝗ no se pueden negar:de hõbꝛe ꝗ tenga comũ razon: y
negandolos conel tal no se deue disputar. Antesque venga
mos a esta cõsideracion: pusimos pꝛimero las diffiniciones ꝗ
para ello son menester:ꝛ despues las dignidades: de dõde cõ
cluiremos loꝗ se sigue.assi pareçera manifiesta mēte en quan
tos erroꝛes estan los nuestros cerca de la verdadera scriptura
del lenguaje castellano.

Diffinicion pꝛimera.

Que la letra es la menoꝛ pꝛte dela boz ꝗ se puede escriuir. Esta
diffiniciõ es assi delos griegos como delos latinos: ꝛ cõpete a
todas las otras lenguas.poꝛꝗ si yo digo señoꝛ:esta boz se par
te en dos sillabas:ꝗ son se ꝛ ñoꝛ.ꝛ el se despues en. s.ꝛ. e. ꝛ la. s.
ya nose puede partir.ꝛpoꝛ esso cõpetir le ha la diffiniciõ de la le
tra:ꝛ puede se escriuir:ꝗ es la vltima differencia ꝗ se puso en la
diffinicion.poꝛꝗ si no se pudiese escriuir:ya no seria letra como
es el sonido del viento:ꝛ otras bozes que los latinos llaman
inarticuladas.

Diffinicion segunda

Que la vocal es letra ꝗ se foꝛma en tal parte dela boca:ꝗ pue=
de sonar poꝛ si sin se mezclar ni ayuntar cõ otra letra alguna. ꝛ
poꝛ esso se llama vocal:poꝛꝗ tiene boz poꝛ si.como la.a.la qual
sin ayuda de otra;qual quiera letra se puede pnũciar ꝛ poꝛ esso
cõpetirle ha la diffinicion de vocal.

Diffinicion tercera.

Que la cõsonante es letra:laꝗl se foꝛma en tal parte de la boca
ꝗ no se puede pnũciar sin ayuda de 'alguna vocal. ꝛ poꝛ esso se
llama consonãte:poꝛꝗ suena cõ otra letra vocal.como la.b.no
puede sonar sin ayuda de la.e.

Diffinicion quarta

Que la muda es letra:que se forma en tal parte de la boca : q̃
ni poco ni mucho puede sonar por estar cerrados los lugares
por donde auia de sallir aquella boz.como la.d.e la.p.que no
pueden por si sonar por estar los beços apretados.la.t.e la.d.
por estar la lengua atrauessada entre las belgaduras delos
dientes. la.c. e la.g. por estar la campanilla trauessada enel
gargauero.

Diffinicion quinta

Que la semiuocal es letra:la qual se forma en tal parte dela
boca:que aunque no suena tanto como la vocal : suena mas
que la muda:e por esso se llama assi.como la.l.n.r.s. las qua
les estando abiertos aquellos lugares donde se formauã las
mudas estando cerrados:e biriẽdo la lengua en ciertos luga
res del paladar:en alguna manera suenan.

Diffinicion sexta

Que la sillaba es ayuntamiento de letras:las quales se pue=
den pronunciar en vn espiritu biriendo la primera a la segun=
da:e la segunda a la tercera : e la tercera a la quarta : e como
quiera que enel latin seis letras se pueden coger en vna silla=
ba:el castellano no sufre mas de quatro.e porque quando las
vocales suenã por si hazen sillaba aq̃llo es ipropria mẽte porq̃
como diximos la sillaba es ayuntamiento de letras

Diffinicion septima.

Quel diphtongo es ayuntamiẽto de dos vocales q̃ se cogẽ en
vna sillaba e pronũcian en vn acento:no como las consonan
tes biriendo la vna a la otra:mas sonando cada vna por si co
mo diziendo causa la.a.e la.u.haze vna sillaba y pronunciase
debaxo de vna berida y acẽto.destos el griego tiene seis el la
tin quatro el castellano doze.

Principio primero

que assi como los conceptos del entendimiēto respondē a las cosas que entendemos: τ assi como las bozes y palabras respō den a los conceptos: assi las figuras delas letras han de reipō der alas bozes. porq̃ si assi no fuese en vano fuerō halladas las letras: τ la scriptura no menos seria falta: que si el entendimiē to concibiese vna cosa por otra: τ las palabras representassen o tra cosa delo quel entendimiento concibe. Assi que sera este el primero principio el qual ningū que tenga seso comū puede negar: q̃ las letras τlas bozes τ los cōceptos τ las cosas dellos hā de cōcordar. porq̃ de otra manera cometerseia mētira τ fal sedad enla cosa de quantas los hombres hallaron para vtili dad τ arreo dela vida humana: allende que ni terniamos reli gion: ni sabriamos que nos mando ni vedo dios primera mē te por moisen τ todos los otros profetas τ despues por su hijo nuestro saluador τ sus apostolos τ euangelistas.

Principio segundo

que asi tenemos de screuir como hablamos τ hablar como es criuimos. Este es de si manifiesto: porq̃ no tienē otro vso las fi guras delas letras sino representar aquellas bozes q̃ enellas depositamos: paraque ni mas ni menos tornen adar de quan to dellas confiamos. τ que si algunas se escriuen q̃ no se prōn cian o por el contrario algo se pronuncia delo que no esta escri pto: esto sera por necessidad de no auer figuras de letras para señalar todo lo que se puede hablar.

Principio tercero

que la diuersidad delas letras no esta enlas figuras dellas si no enla diuersidad dela pronūciacion. porq̃ aunq̃ tu escriuas el aleph hebraico τ el alpha griego τ el alipha morisco τ el.a.la tino: toda via es vna.a. τ los q̃ escriuen alguna cosa por cifras cada dia mudā nueuas figuras aunq̃ nūca se muda la pronū ciacion dellas. τ por el contrario quando por vna figura se re presentā dos bozes o mas: ya aq̃lla no es vna letra sino dos o tres pues que le damos mas officios del vno que auia de tener como la .i. z la .u. quando son vocales: otras son que quando son consonantes.

Principio quarto

que aunq̃ las bozes humanas sean infinitas porq̃ los instrumentos z miembros donde se forman en infinitas maneras se pueden variar: cada lengua tiene ciertas z determinadas bozes: z por consiguiente ha de tener otras tantas figuras de letras para las representar. Porq̃ en otra manera sobrarian algunas z faltaria otras que es grande encõueniente para cõseruar aq̃llo de q̃ q̃remos hazer memoria assi para nosotros como para los ausentes z los q̃ estan por venir.

Principio quinto

que las consonantes igualmẽte pasan sus fuerças z bozes a las vocales que se siguẽ. loqual se prueua por induction de todas ellas en todos los lenguajes q̃ se hã reduzido a letras porq̃ en la mesma manera suena la .b. cõ la .a. q̃ cõ la .e. que cõ la .i. q̃ cõ la .o. q̃ cõ la .u. porq̃ por el tercero principio si en otra manera sonasse cõ la .a. q̃ cõ la .e. ia no seria vna letra sino dos como la .c. z la .g. a las quales si damos otra pronũciacion cõ la .a. q̃ con la .e. seguirseia que cada vna dellas vale por dc s.

Principio sexto

que pues cada lengua como diximos enel quarto principio tiene determinadas bozes: z por cõsiguiente ciertas letras por las quales aq̃llas se hã de representar veamos como dize quitiliano si de aq̃llas figuras de letras que estan enel vso para escriuir la lengua castellana sobran algunas z por el contrario faltan otras z por consiguiente a otras damos la pronũciaciõ y officio q̃ por si ellas no tienẽ. paralo qual eso mesmo se ha de presuponer q̃ asi como los griegos tomarõ las letras delos hebreos z los latinos del griego: asi los hispanos las recibieron del latin. pero delas q̃ recibio algunas sobrã como la .k. z la .q. otras faltan como la .i. z la .u. quando son cõsonãtes. z a otras

a.iii.

damos el sonido ꝗ ellas no tienen como a la.r. ꞇ a la.ch.

que nunca dos consonantes de vna especie pueden herir la vo
cal que se sigue:ni se pueden ordenar despues della.ꞇ que si al
gunas dellas se doblaren: esto sera en medio dela dicion.ꞇ la
primera pertenecera a la vocal precedente: ꞇ la segunda a la
siguiente.

Pe quintiliano enel primero libro de sus oratorias in/
stituciones que el que quiere reduzir en artificio algun
lenguaje:primero es menester:que sepa:si de aquellas figuras
de letras que estan enel vso:sobran algunas : ꞇ si por el contra
rio faltan otras.ꞇ tã bien si damos a otras el sonido ꝗ ellas no
tienen. ꞇ primera mente dezimos ꝗ de veinte ꞇ tres figuras de
letras ꝗ tomamos prestadas del latin para escriuir nuestra len
gua castellana:sola mẽte nos siruẽ por si mesmas estas doze.a
b.d.e.f.m.o.p.r.s.t.z.por si mesmas ꞇ por otras: seis.c.g.i.l.n
u.por otras ꞇ no por si mesmas estas cinco.b.k.q.x.y griega.
Assi que cõtadas ꞇ reconocidas las bozes ꝗ hai en nuestra lẽ
gua:hallaremos ꝗ son veinte ꞇ seis:a las quales auian de re
sponder otras veinte ꞇ seis figuras de letras para bien ꞇ distin
ta mẽte las representar.pero agora todo lo ꝗ escriuimos: esta
cõfuso y embuelto en mil errores por la falta de las letras de la
vna parte:ꞇ por la sobra de otras.lo qual por manifiesta ꞇ suffi
ciente inducion se prueua en la forma siguiente.De las doze
figuras de letras que diximos ꝗ nos siruen por si mesmas :no
hai duda si no ꝗ representan las bozes ꝗ traxeron consigo del
latin:ꞇ nos otros agora les damos enel castellano.ꞇ ꝗ la.c.k.
q.tienẽ vn officio:ꞇ por cõsiguiẽte las dos dellas erã ociosas:
porꝗ dla.k.niguõ duda sinoꝗ es muerta:en cuyo lugar como
dize quitiliano sucedio la.c.la qual igual mẽte traspassa su fu
erça a todaslas vocales ꝗ se siguẽ.De la.q.no nos a prouecha
mos sino por voluntad:porꝗ todo loꝗ agora escriuimos cõ.q.

podriamos escriuir có.c. maýor mête si ala.c.no le dieſſemos
tátos officios:q̃ntos agora le damos La. y. griega tá poco ýo
no veo deq̃ ſirue:pueſq̃ no tiene otra fuerça ni ſonido q̃ la.i.la/
tina:ſaluo ſi q̃remos vſar della en los lugares donde podria
venir en duda ſi la.i.es vocal o conſonante.como eſcriuiendo
raýa.aýo.ýunta. Si puſieſſemos.i.latina diria otra coſa mui
diuerſa.raia.aio.iunta. Aſſiq̃ de veinte τ tres figuras de le/
tras quedan ſolas ocho:por las quales agora repreſentamos
quatorze pronunciaciones multiplicando los officios eneſta
manera. La.c.tiene tres officios:vno proprio quãdo deſpues
della ſe ſiguen.a.o.u.como enlas primeras letras deſtas dici
ones.cabra.coraçon.cuero. Tiene tan bien dos officios preſta
dos:vno quando de baxo della acoſtumbramos poner vna ſe
ñal que llaman çerilla:como en las primeras letras deſtas di
ciones:çarça:ceuada:la qual pronunciacion es proprïa de ju
dios τ moros delos quales quanto ýo pienſo la recibio nue=
ſtra lengua:porque ni los griegos ni latinos que bien pronũ
cian:la ſienten ni conocen por ſuýa. De manera que pues la.
c.pueſta debaxo aquella ſeñal:muda la ſubſtancia de la pro-
nunciacion:ýa nos es.c.ſino otra letra:como la tienen diſtin/
cta los judios τ moros:delos quales noſotros la recebimos:
quanto ala fuerça:mas no quanto ala figura que entrellos tie
ne. El otro officio que la.c.tiene preſtado:es quando deſpues
della ponemos.h.qual pronunciacion ſuena enlas primeras
letras deſtas diciones.chapin.chico.la qual aſſi es proprïa de
nueſtra lengua:que ni judios: ni moros: ni griegos:ni lati/
nos la conocé por ſuýa.noſotros eſcriuimos la có.ch. las qua
les letras tiené otro ſon mui diuerſo del q̃ noſotros les damos
La.g.tiene dos officios vno pprio:qual ſuena quando deſpu
es della ſe ſiguen.a.o.u.otro preſtado:quando deſpues della
ſe ſigué.e.i.como enlas primeras letras deſta sdiciones.gallo
gente:giró:gota:gula:la qual quando ſuena có.e.i.aſſi es propo
prïa de nueſtra légua:q̃ ni judios:ni griegos:ni latios la ſiété:

ni puedē conocer poz su ya: sino el arauigo: del qual yo pīēso q̄
nos otros la recebimos. La .b. no sirue poz si en nuestra lēgua:
mas vsamos della para tal sonido: qual pronūciamos enlas
primeras letras destas palabras. hago. hecho. la qual figura
aunq̄ enel latin no tenga fuerça de letra: es cierto q̄ como nos
otros la pronūciamos: se puede contar enel numero delas le=
tras: como los judios τ mozos delos quales nos otros quāto
yo pienso la recebimos: la tienē poz letra. La .i. tiene dos offici
os. vno ppzio quando vsamos della como de vocal. como en
las primeras letras destas palabras ira: igual. otro comsi con
la .g. pozq̄ quando vsamos della como de cōsonāte: ponemos
la quādo se sigue. a. o. u. mas quādo se sigue. e. o. i. en lugar de
lla ponemos la .g. como arriua diximos. La .l. tiene dos offici
os vno ppzio quādo la ponemos senzilla. Como enlas prime
ras letras destas palabras lado. luna. otro ageno quādo la do
blamos: τ le damos tal pronūciaciō: qual suena en las prime=
ras letras destas palabras llaue. lleno. la qual boz ni judios:
ni mozos: ni griegos: ni latinos conocē poz su ya: ni tienē letras
para la poder escriuir. assi que sera entrellos boz inarticulada.
La .n. esso mesmo tiene dos officios. vno proprio quādo la po
nemos senzilla: qual suena enlas primeras letras destas pala
bras naue nōbre. otro ageno: quando la ponemos doblada o
cō vna tilde encima. como enlas primeras letras destas pala
bras nnudo: nnublado o en las siguiētes destas anno. sennoz
lo qual no podemos mas hazer q̄ lo q̄ deziamos dela .l. dobla
da. ni el titulo sobzella puede repsētar: lo q̄ nos otros q̄remos.
La .u. como diximos dela .i. tiene dos officios vno ppzio quā
do suena pozsi como vocal assi cōmo enlas primeras letras de
stas diciones. vno. vso. otro prestado quādo hiere la vocal. q̄l
pronunciacion suena enlas primeras letras destas palabras.
uo. uengo. La .x. enel latin no es otra cosa sino breuiatura de.
cs. o de. gs. nosotros damos le tal sonido qual suena enlas pzi
meras letras destas diciones xabon. xenabe. o enlas vltimas

balar.relor.la qual pronunciacion es propria dela lêgua ara
uiga:de dôde parece:que nofotros la recebimos . porque otra
lengua ninguna la reconoce por fina : z los moros fiempre la
ponen en lugar de nfa.s. z por lo que nofotros dezimos feñor
fan fimon por.s.ellos dizen renor.ran.rimon por.r. Affi que
delo q auemos dicho:fe concluye z figue lo q queriamos pro-
uar:quel caftellano tiene veynte z feys diuerfas pnûciaciôes
z que de veynte z tres figuras de letras:q tomo preftadas ôl
latin:no nos firuen por fi faluo las doze pa reprefentar las do
ze pnûciaciones:que traxeron côfigo del latin:z q todas las
otras fe efcriuen côtra toda razô de orthographia:como parece
claro por lo q auemos dicho:pues q a algunas dellas damos
dos o tres officios:z a otras el fonido q ellas no tenian. Affi q
fera nfo.a b c.deftas vante z feis letras ppias z improprias.
a.b.c.ç.ch.d.e.f.g.h.i. vocal.i.côfonâte.l.fenzilla.l. doblada.
m.n.fin titulo.n.con titulo.o.p.r.f.t.u. vocal.u.confonâte .x.
z.porq ala.k.z ala.q.ningun vfo le queda ni ppio ni impro
prio:pues q por la.c.fe puede fuplir aqllo de q agora firuen.

    Del remedio que fe podria tener para efcreuir
   rectamente el caftellano.   Cap.ij.

Engamos agora al remedio q fe podria tener pa efcre
uir las pnûciaciones del caftellano:q agora reprefen
tamos por ageno officio de letras . la . c . como diximos tiene
tres officios:z por el côtrario la.c.z la.k.z la.q.tienê vn offiao.
z fi agora repartieffemos eftas tres figuras ô letras por aqllas
tres pnûciaciones:todo el negocio en aqfta parte feria hecho.
Mas porq en aquello q es como lei confentida por todos: es
cofa dura hazer nouedad:podiamos tener efta têplança:q la.
c.valieffe por aqlla boz q diximos fer fuia ppria llamando la
por el nôbre del fonido q tiene:fegû que fe haze enlas otras le
tras:que firuen folamente por fi mefmas: z que la mefina .c.
puefta debaxo aquella feñal que llaman cerilla:valieffe por la
otra pronunciacion que refponde al çama hebraico: z auia de

responder ala figura griega τ ala.ſ.latina:llamãdola porel nõ
bꝛedela boz que tiene.τ que lo q̃ agoꝛa ſe eſcriue con ch.ſe eſcri
uieſſe cõ vna nueua figura : la qual ſe llamaſſe del nombꝛe de
ſu fuerça.τ mientraſ que para ello no entreuiene el autoꝛidad
deloſ pꝛincipeſ:o el publico conſentimiento deloſ que tienen
poder para baier nꝛoſ:ſea la.ch.con vn titulo encima:para de
moſtrar q̃ aquellaſ doſ figuraſ no repꝛeſentan la boz que le
damoſ:τ q̃ poꝛ aquel titulo ſuplimos el defecto. La.g.como
deramoſ tiene doſ officioſ:vno pꝛopꝛio τ otro pꝛeſtado.tãbiẽ la
i.tiene otroſ doſ:vno quãdo eſ vocal τ otro quãdo eſ conſo
nãte:el qual concurre cõ la.g.quãdo deſpueſ della ſe ſiguẽ la
e.τ la.i.Aſſi q̃ deꝛando la.g.τ la.i.enſuſ pꝛopꝛiaſ fuerças:cõ
vna figura q̃ añadiremos pa repꝛeſẽtar lo q̃ agoꝛa ſuplimos
con la.g.τ cõ la.i.quãdo leſ damos ageno officio:q̃da hecho
lo q̃ buſcamos:dãdo leſ toda via a ellas el nõbꝛe ŏla boz que
tienẽ.Eſta figura de letra que falta podꝛia ſer la.y.griega:ſal
uo q̃ eſta en vſo de ſer ſiẽpꝛe vocal. Mas poꝛq̃ no ſeamos au
toꝛeſ de tanta nouedad:ſea la.i.luẽga:τ entõceſ la.y.griega
quedara ſin algũ officio.La.l.tiene doſ officioſ : vno pꝛopꝛio
que traro cõſigo del latin:τ otro pꝛeſtado quãdo la ponemos
doblada.τ poꝛ no bazer mudança ſino donde mucho es mene
ſter:deraremoſ eſta.ll.doblada para repꝛeſentar lo q̃ poꝛ ella
eſcreuimos agoꝛa cõ doſ cõdiciones:la pꝛimera q̃ le põgamos
el nõbꝛe dela boz q̃ tiene.la ſegũda q̃ para moſtrar q̃ eſ vna le
tra:quitemos el pie ala ſegũda: como quãdo eſcreuimos eſta
pte mill.τ aſſi ſerã eſtaſ doſ letraſ poꝛel tercero pꝛincipio. La
n.tiene doſ fuerças:vna q̃ traro conſigo ŏl latin:τ otra que le
damos agena doblãdola:o poniendo le vn titulo encima. τ
agoꝛa deꝛando la.n.ſenzilla enſu fuerça:para repꝛeſentar aq̃l
ſonido que le queremos dar pꝛeſtado:poꝛnemos le vn titulo
encima para demoſtrar la impꝛopꝛiedad dela eſcriptura como
dezimos dela.ch.entendiẽdo toda via q̃ ſon doſ letraſ poꝛ el
meſmo tercero pꝛincipio.La.u.tiene doſ fuerças:vna de vocal

τ otra de consonante.tambientiene dos figuras: vna redõda
de q̃ vsamos enel comieço delas palabras: τ otra de q̃ enel me
dio dellas. τ pues q̃ aquella de que vsamos enlos comienços
si se ligue vocal siẽpre es alli consonante: vsemos della siempre
como de consonante: quedãdo la otra por vocal en todos los
otros lugares. La.x. avn q̃ enel griego τ enel latin de dõde re
cebimos esta figura: vale tanto como.cs. porq̃ en nuestra len=
gua de ninguna cosa nos puede seruir: quedando en su figura
con vn titulo: daremos le aquel son q̃ arriba diximos nfa len=
gua auer tomado del arauigo llamãdola por el nombre de su
fuerça. De los tres officios q̃ agora tiene la.h. abaxo diremos
en su lugar.

Dela.b.τ.u.consonante o vocal.   Cap.iiij.

Dexando agora lo q̃ se podria hazer para biẽ τ iustamẽ
te escreuir el castellano: vegamos alo q̃ se haze contra to
da razon de orthographia τ letras escreuiẽdo vna cosa τ pnũ=
ciando otra: contra el segundo principio q̃ presuposimos. El
qual error por la mayor parte acontece a causa del parentesco
τ vezindad q̃ tienen vnas letras con otras: como entre la.b. τ
la.u.consonante: en tãto grado q̃ algunos dlos nfos apenas
las pueden distinguir assi enla escriptura como enla xnuncia
cion: siendo entre ellas tãta differencia: quãta puede ser entre
qualesquier dos letras. Mas ya no nos marauillemos q̃ los
indoctos τ agenos deste conocimiento yerren: pues q̃ vemos
que los griegos: enlos quales parece q̃ queda todo el saber:
del todo esten perdidos enla pronunciacion de su beta hazien-
do la sonar por la boz: que en ninguna manera ellos conocen
por suya: τ es propria de hebreos τ latinos. τ como quiera que
este error es tolerable τ se puede escusar: porque el son dla vna
esta cerca dela otra: como defenderan aquello que dan el mes
mo son de su beta al ypsilon quando se sigue en diphthongo
ala alpha τ epsilon. porque si estas tres letras.beta.u.consonã
te τ ypsilon tienen vn sonido son vna letra τ no tres por el ter=

b

cero principio. Enel mesmo error estan los hebreos quando p̃
nuncian su beth con raphe como.u.cõsonante.porq̃ la beth cõ
raphe τ sin raphe no differen sino en ser floxa o apretada. la q̃l
differēcia no haze diuerso genero de letras:no mas q̃ las otras
letras q̃ no diuersifiʃ la figura por ser floxas o apretadas:por
el mesmo principio tercero. Deste error ya rescebido por hebre
os τ griegos se siguio otro mayor:q̃ los interpretes boluiessen
la berth o beta en.u.consonante:delo qual mas diffusamẽte dis
putaremos en otro lugar. Mas dado q̃ estas letras por la ve
zindad q̃ tienen entre si:passen la vna enla otra : que diremos
que enla edad de nuestros abuelos la .u.cõsonante latina bol
uian en.b.como de cuitas τ ciuis cibdad τ cibdadano. τ des
pues nosotros la.b.boluimos en.u. vocal diziendo ciudad τ
ciudadano. τ assi de debdo τ debdor hezimos deuda τ dudor.
como en latin de ab τ fugio aufugio.otra mudança que dere
cauta τ rei cautor nuestros abuelos hizierõ recabdo τ racabda
dor con.b.nosotros recaudo τ recaudado: con.u. vocal como
enel latin.

De tres officios dela.h.   Cap.iiij.

A.h.tiene tres officios.el primero quãdo representa la
boz:que comunmẽte succedio ala.f.latina: como de fa
cio.fili⁹.ficus.hago.hijo.higo. τ avn los antiguos en
vida de nuestros abuelos dezian fago.fijo. τ entonces es letra
pues q̃ representa boz τ se puede escreuir por la primera diffini
cion.El segundo officio dela.h.es quãdo se pone antes dla.u.
La qual porq̃ alas vezes es vocal τ alas vezes consonãte:an
teponemos la.h.no porq̃ tẽga sonido algũo:mas pa dmostrar
que la.u.es vocal τ no consonante:como diziẽdo huerto . bue
uo.huesped.porq̃ si la.h.no se antepusiesse:por ventura leerias
verto. veuo. vesped.por.u.consonante. τ entonces no es letra
ni le cõpete la diffiniciõ de letra pues q̃ no representa boz algu
na:ni otro algun vso tiene:sino el q̃ dirimos. El tercero officio
dela.b.es:quando se pone despues dela.c.pa representar aque

la boz que es propria de españa. ni hai entre nosotros figura de letra con que se pueda escreuir. como en estas palabras mucho muchacho. porq̃ ni la. c. ni la. h. ni entrambas iuntas pueden representar aquel sonido que les damos. mas ponése ambas para suplir aquel defecto dela figura que deziamos que para ello era menester. el qual quisierõ significar por vna tilde que acostumbramos poner encima. Otro officio tiene no tan necessario como los de arriba. z es que en algunas palabras que enel latin tienen aspiracion quando las boluemos en roman ce deramos la: no para que suene: mas para que a imitatiõ de los latinos acompañe la vocal que se sigue. como diziendo hõ ra. humanidad. humildad.

Dela. r. z dela. s.   Cap. v.

Contece alas letras ser floras o apretadas: z por consi guiente sonar poco o mucho. como la. r. z la. s. porq̃ en comienço dela palabra suenan dobladas o apretadas como diziendo rei. roma. sabio. señor. Esso mesmo en medio de la palabra suenan mucho: si la sillaba precedente acaba en cõ sonante: z la siguiente comiença en vna dellas. como dizíédo enrique. honrado. bolsa. ansar. De donde se conuençe el error delos que escriuen con. r. doblada rei. z enrique. pero si la silla ba precedente acaba en vocal: la. r. o la. s. en que comiença la sillaba siguiente suena poco. como diziendo vara. pera. vaso. peso. Pero si suenan apretadas: doblar se han en medio dela palabra. como diziendo. amassa. passa.. carro. jarro. De dõde se puede coger: quãdo estas dos letras se han de escreuir senzi llas: z quando dobladas mirando a la pronunciacion: si es apretada: o si es flora. z si es enel comienço dela palabra o enel medio. z acontece que vna mesma palabra z pronunciada en vna mesma manera: se puede escreuir alas vezes con vna s. senzilla alas vezes con doblada. s. como diziendo fuesse que es preterito de yo fue enel indicatino. z fuesse de se fue enel optatiuo z subiunctiuo. como si dizes fuesse el men=

sajero.o diziendo si fuesse venido el mensajero. por ꝗ el prime=
ro fuesse es cõpuesto de fue ⁊ se. ⁊ porꝗ la .s. esta en comienço de
palabra suena como doblada.el segũdo fuesse es vna palabra
⁊ para sonar apartada escriuese con dos. ss. ⁊ assi en otros mu=
chos.como sina'e ⁊ amasse.ensenase ⁊ ensenasse.

De tres officios dela. u.   Cap. vj.

La .u. tiene tres officios.el primero es quando sirue por
vocal.quiero dezir ꝗ suena por si o pura como dizẽdo
vso causa.o cõ alguna cõsonante.como diziẽdo bueno
cuerpo.el segũdo officio es:quãdo se pone en lugar de cõsonã=
te:quiero dezir ꝗ hiere alguna vocal. como dizẽdo. vo. végo.
el tercero officio es:quãdo despues dela.q.o dela.g.se pone pa
rep:esentar el sonido ꝗ auiamos de dar a la.c.o a la.g.siguiẽdo
se la.e.o la.i.porꝗ por el quinto principio si las cõsonantes igual
mẽte passan sus fuerças alas vocales ꝗ se siguẽ:la.c.⁊ la.g.assi
auiã de sonar cõ las vnas vocales como cõ las otras. ⁊ dando
les agora diuersos sonidos como esta enel vso:ia no seria vna
letra sino dos:por el tercero principio:pues ꝗ la diuersidad de
las letras no esta en la diuersidad delas figuras:sino dela voz
⁊ porꝗ enel castellano los veruos dela primera coniugacion for
mã el preterito mudãdo la o final graue dela primera persona sin
gular del presente del indicatiuo en.e.aguda como de amo io
amé. de enseño io ensené.ð oluido io oluidé:siguiẽdo la ,por
ció auiamos de dezir ⁊ escreuir de peco io pecé.⁊ ðzimos pequé.
⁊ ð saco saqué por sacé.⁊ de trueco troqué por trocé : porꝗ ia ala
c.cõ la.e.no le damos la boz suia propria:mas tomamos la q'
en lugar ðla.c.porꝗ son vna mesma letra por el ꝗnto principio
pues no differẽ enla pnunciaciõ. ⁊ porꝗ no puede venir sino
acõpanada dela.u.en lugar dela.c.ponemos la.q.⁊ la.u. pa
suplir lo ꝗ seauia de escreuir cõ la.c.sola. E otro tãtopodemos
dezir dela.g.ꝗ porque agora le damos diuersas bozes cõ la.a
⁊.o.⁊.u.ꝗ con la.e.⁊ con la .i. que enel preterito despues ðla
g.ponemos . u . para que suenen igualmente todas las cinco

vocales.como diziendo llego llegue.ruego rogue.huelgo hol
gue.De donde se sigue que la.u.ya no es vocal.ni consonáte
mas pone se pa suplir el defecto dela.q.z dla.g. las quales sin
ella no podian representar el sonido q se requiria en aquellos
lugares q diximos.halla se alguna vez q la.u.despues dela.g
siguiendo se.e.tiene su voz entera como en guero aguero. z en
los preteritos destos verbos:menguo mégue.aueriguo aueri
gue. fraguo frague. santiguo santigue.y en otros lugares se
escriue z no se pronuncia:o se pnuncia z no se escriue : o se haze
lo vno z lo otro.como diziendo.el vos dixo.el os dixo.

    Que se puede escreuir lo que no se lee: z porel con
    trario.   Capitulo septimo.

Porque diximos enel segundo pncipio que assi tenemos de escreuir como hablamos z hablar como escreui
mos:acontece muchas vezes:q siguiédo alguna razó
traspassamos aquella regla:como en aqllo que haze los griegos en prosa z verso:los latinos solaméte en verso: q quando
alguna dició acaba en vocal z luego esso mesmo comiença en
vocal:callamos la pimera a vn q se escriua : z por el cótrario no
la escriuiédo la pnunciamos:alas vezes escreuimos la z pnú
ciamos:a las vezes ni la escreuimos ni pnunciamos. Como
diziendo dspues quel pintor del múdo:de q z el dezimos vna
syllaba:z diximos quel.podiamos tábien alli escreuir vna syl
laba z pnunciar dos.podiamos escreuir dos z pnunciar vna
z assi podiamos escreuir:es nfo amigo:z pnunciar nfamigo.
z escreuir es nuestramigo z pnunciar es nfo amigo. y escriuié
do como pnunciamos:es nfo amigo z es nuestramigo.escre-
uimos esso mesmo en algunos lugares.l.senzilla z pnunciamos la doblada.como qndo alos nóbres femininos q comié
ça en.a.porq no se encuentre vna.a.có otra z haga fealdad en
la pnunciacion de ramos el articulo del feminino z tomamos
el articulo dl masculino:como por dezir la alma . la aguja . la
açada . dezimos con doblada.l.ellalma.ellaguja.ellaçada:
                                          b iij

pero escreuimos el alma. el aguja. el açada. con las otras vo
cales lo vno τ lo otro escreuimos τ pronunciamos. como di
ziendo la espada. el espada. ellespada. Mudamos tãbiẽ la.r.
final del infinituo en.l. τ cõ la.l. del nõbre relatiuo. le lo la. les
los las pnunciamos aquel son q̃ dirimos ser ppzio de nfa len
gua. τ por dezir a dios deuemos amallo τ amalle:dezimos a-
marle τ amarlo. τ a los santos hõrralle vz hõrrallos por hõrrar
les τ hõrrarlos. Tambiẽ algunas vezes escreuimos.b. τ pzo
nunciamos.u. vocal.como abdad audad. debdo deudo. re
cabdo recaudo. Otras vezes escreuimos.s. τ pnunciamos.g.
τ por el cõtrario escreuimos.g. τ pronuciamos.s.como io gelo
dire por selo dire. A las vezes seguimos el orthographia grie
ga τ latina a vn que no pnunciamos como escreuimos. como
en philosopho τ thalamo. porque escreuimos ph. τ. th. τ pro
nunciamos.f. τ.s otil. escreuimos signo. magnifico. magnani
mo. benigno con.g. τ pronunciamos. sino. manifico. manani
mo sin.g. No quiero dissimular agora lo q̃ todos en esta parte
comunmente yerrã poniendo la.n. delãte la.b. τ la.m. τ la.p.
porq̃ delante de aquellas mas suena.m.que.n. τ por esta cau
sa escreuiremos en aq̃llos lugares.m. τ no.n. como en embar
go. embiar. empacho. emperador. emmotar emmudecer.

Que en la pronunciacion muchas vezes la proporcion falta. Cap.viij.

No hai cosa que tanto nos guie en la coniugacion delos
verbos como la pporcion τ semejãça de vnos a otros: τ
esto no solamẽte enel griego τ latin: mas a vn enel castellano.
po esta muchas vezes nos engaña:porq̃ el vso dlos sabios siẽ
pre vẽce. τ por esto dize Quintiliano q̃ la pporciõ no tiene fuer
ça enla razõ sino enel exẽplo. Como si porq̃ la pmera coniuga
ciõ castellana forma el pterito dela pmera psona singular del
presente del indicatiuo mudãdo la.e. final graue en.e. aguda
como de amo amar yo ame. de alabo alabar yo alabe. de bur
lo burlar yo burle:algũo siguiẽdo la proporcion formasse de

andar yo ande. τ de esto estar yo este. cõtra el comun vso delos
doctos q̃ tiene de ando yo anduue. τ de estar yo estuue. y enla
segũda cõiugacion si porq̃ la o. final graue del p̃sente se muda
en i. aguda ol p̃terito: τ de leer dezimos leo yo lei. de correr cor
ro yo corri. de coger cojo yo cogi. por la proporciõ algũo dixes
se de poner pongo yo pongui. de tener tengo yo tengui. de ha
zer bago yo bagui. de querer q̃ro yo queri. õ poder puedo yo
podi. de caber cabo yo cabi. teniẽdo el vso delos q̃ sabẽ por põ
gui yo puse. por tẽgui yo tuue. por bagui yo bize. por queri yo
quise. por podi yo pude. por cabi yo cupe. τ por sabi yo supe. τ
enla tercera cõiugaciõ de venir vẽgo: no dezimos vẽgui sino
vine: τ de dezir digo: no dezimos digui sino dixe. Siguiendo
esso mesmo la proporciõ como de lees: dzimos leo: τ de corres
corro: τ de cabes cabo: auiamos de dezir sabo de sabes: τ cõel
vso dezimos se. Tãbien porq̃ el castellano nõ tiene futuro del
indicatiuo: τ por esso lo suple por el ifinitiuo: τ este verbo. e. as.
a. emos. eis. an. diziẽdo io amare: tu amaras. alguno amara.
io leere. tu leeras. alguno leera. si q̃siesses siguiẽdo la p̃porciõ
dezir detẽgo tener tenere. de põgo poner ponere. de bago ha
zer hazere. de cabo caber cabere. de q̃ro querer querere. de pue
do poder podere. de. e. auer auere. de vengo venir venire. de
digo dzir dezire. vernia cõtra el vso q̃ tiene por tenere terne. por
ponere porne. por hazere hare. por cabere cabre. por sabere sa-
bre. por querere querre. por podere podre. por auere aure. por
venire verne. por dezire dire. E otro tanto enel preterito imper
fecto del subiunctiuo: por teneria ternia. por poneria pornia.
por hazeria haria. por caberia cabria. por queieria querria.
por poderia podria. por veniria vernia. por deziria diria. por
saberia sabria. Podiamos esso mesmo engañar la proporciõ
enlos lugares donde la. e. se suelta en. ie. diphthongo τ la. o.
en ue. lo q̃l acõtece enla p̃mera τ segunda τ tercera p̃sonas del
singular y enla tercera del plural del presente del indicatiuo τ
enel imperatiuo τ futuro del optatiuo τ presente ol subiũctiuo

como diziendo de perder.io pierdo tu pierdes . alguno pierde
algunos pierde.pierde tu pierda alguno . o si io pierda tu pier
das alguo pierda.alguos pierda.como io pierda.tu pierdas.
alguo pierda.alguos pierda. Porque quasi en todos los otros
lugares la.ie.se buelue en.e. Como en la primera z segunda p̃r
sona del plural del p̃sente del indicatiuo.nos perdemos . vos
perdeis.y en todo el preterito imperfecto.io pdia tu pdias.zc.
y en todo el preterito perfecto.io p̃rdi.tu pdiste. zc. y en todo
el futuro porq̃ se suple del infinitiuo q̃ es perder. io perdere.tu
perderas.zc.y en la primera z segunda persona del plural del
imperatiuo.nos perdamos.vos perdais.con sus semejantes
las del futuro del optatiuo z p̃sente de subiunctiuo.y en todo
el p̃sente del optatiuo conel preterito imperfecto del subiuncti
uo.o si io perdiesse tu perdiesses.zc.z todo el futuro del mesmo
subiunctiuo.como io perdiere tu perdieres. Pero en algũos
verbos dela tercera coniugacion en la p̃mera z segũda p̃sona dl
plural del imperatiuo con sus semejãtes la .ie. se buelue en.i.
como diziendo de siento.nos sintamos. vos sintais . de miẽto
nos mintamos vos mintais.de arrepiẽto.nos arrepintamos
vos arrepintais. Lo q̃ dirimos dela.ie.q̃ se buelue en .e.dezi
mos agora dela.ue.q̃ se buelue en.o.en los mesmos lugares.
como diziendo.io truecco.tu truecas.alguno trueca. nos troca
mos.vos trocais.algunos truecan. Juan de mena syneresin
bizo en aquel verso delas trezientas.e.tados de gẽtes q̃ giras
z trocas por truecas. z assi en todos los otros lugares donde
mudauamos ie.en.e. mudamos .ue.en.o.z pocas vezes en
u.como enel imperatiuo.muramos.murais . En otros luga
res dela coniugacion mudamos la.i.en.e.a causa dela sonori
dad.como de siruo sirues sirue.dezimos enel plural seruimos
seruis.z despues boluemos ala.i. diziendo siruen. z assi digo
dizes dize.dezimos dezis dizen.mido mides mide medimos
medis miden.gimo gimes gime.gemimos gemis gimẽ.rio
ries rie.reimos.reis rien.rijo riges rige.regimos. regis. rigẽ.

figo figues figue. feguimos feguis figuen. τ otros femejantes
delos quales ni fe puede dar otra regla fino que firuamos ala
fonoridad.

Dela orden delas letras.

Ntre los accidentes dela letra los gramaticos cuentan
la orden: porque enla pronunciacion vnas fe pueden có
feguir a otras τ otras no. como ala.b.la.l. τ la.r. diziédo bláco
braço. mas no por el cótrario la.b. fe puede feguir a qlqera de
llas diziendo lbanco rbaço. τ dexada agora la ordé que las vo
cales tienen entrefi quádo por diphthongo fe cogen en vna fyl
laba. vengo ala orden delas confonantes. la lengua hebraica
tiene enefta pte vna cofa apartada de todas las otras léguas
que nunca dos cófonantes o mas pueden herir la vocal enel
principio ni enel medio dela palabra: τ mucho menos feguir
fe defpues dela vocal: de manera que ninguna parte de la ora
cion puede començar ni acabar en dos confonantes. τ fi vienen en medio de dos vocales: la primera confonante pertene
ce ala vocal precedente: τ la fegunda ala figuiente. como dixé
do abram.acran.la.b. τ la.c. fe deletrean con la a. primera. τ
la r.de ambas con la.a. que fe figue. Pero el griego τ el latin
fufre que dos o tres cófonantes puedan herir la vocal enel co=
mienço τ medio dela dició. como en ftrabo.ftrenuus.τ acabar
en dos. como en lynx. gens. el latin en fola vna palabra ftirps
recibe tres confonantes defpues dela vocal. el caftellano enco
mienço dela dicion no fufre mas de dos confonantes antes de
la vocal τ otras dos enel medio. como en braço.obra. fufre tá=
bien dos cófonantes al fin: mas folamére enlas palabras cor
tadas. como en grád por gráde. en fant por fanto. en cient por
ciento. Pero quando del griego o latin paffamos en caftella
no alguna palabra que comiença en tres confonantes delas
quales la primera de necefidad es.f. fiempre fe antepone vna
e.para que fobrella cargue la.s. τ fe aliuie la pronunciació de
la confonante o confonantes que fe han de juntar conla vocal

siguiente.como diziendo estrabon por strabon.escrino por scri
bo.esmaralda por smaragdus.Assi que sera la orden delas cõ
sonantes en nuestra lengua la mesma que enel griego z latin.
enlas quales la primera regla es:que si entre dos vocales vie
ne vna consonante:aquella pertenecera ala vocal siguiente co
mo diziendo amo.pero si la palabra es compuesta de dos pa
labras desatada aquella composició daremos a cada vna de
llas su consonante.como desamo que se cópone de des z amo.
desdigo de des z digo.pero si entre dos vocales vienen dos cõ
sonantes o mas:o todas ellas pertenecen ala vocal siguiente
o parte dellas.delo qual damos estas reglas.la primera que
si despues dela.b.se siguen.l.o.r.entrambas van con la vocal
siguiente.como en habla.obra.ala.c.se pueden seguir.l.z.r.co
mo en esclarescido.escriuo.z enlas palabras latinas docto per
fecto.Ala.d.se puede seguir.r.como en ladron.pedro.Ala.f.
se pueden seguir.l.z.r.como en aflorar cifra.Ala.g.se pueden
seguir.l.z.r.como en siglo.negro.z enlas palabras latinas .n
como en digno.signo.La.l.delante de ninguna otra consoná
te se pone:z ella puede suceder ala.b.c.f.g.p .t. como ya lo di
ximos z diremos ensu lugar.La.m.a ninguna otra cõsonan
te se prepone sino a la.n.z solamente enlas diciones griegas z
latinas:de que algunas vezes vsamos enel castellano . como
en condemno.solemne:donde algunos entreponen.p. falsa
mente.La.p.se antepone ala.l.r.como en simple.siempre . z a
la.t.enlas diciones latinas de que vsamos enel castellano. co
mo en escriptura.ruptura.septa.Ala.q.a ninguna consonan=
te se puede seguir:po puede seguirse.u.vocal.o.u.ociosa quan
do se siguen.e.i. La.r.delante de ninguna consonante se pone
z ella puede succeder ala.b.c.d.f.g.p.t.u.consonãte. como en
los exemplos passados z eneste verbo aura.aure.auria.La.s.
en griego z latin puede se poner delante la.b.c.d.g.l.m.p.q.t.
pero enel castellano siempre se le antepone.e.para que se incli
ne sobrella:delo qual diximos en otro lugar.Ala.t.puede se se

guir.r.como en letra.Ala.u.consonante solamente se puede se
guir.r.como agora dirimos.Ala.r.ninguna consonáte se pue
de seguir.Desta orden se puede coger delas consonantes que
vienen entre dos vocales:quales pertenecen a quales assi pa
ra deletrear z pronúciar:como para cortar las palabras en fin
del renglon quando escreuimos.

Fin.

Fue impresso el presente tratado enla villa de Al
cala de henares por Arnao guillé de brocar.
Acabose a doze dias del mes de mayo:
año del nascimiéto de nuestro sal=
uador iesu xpo de mill z qui
nientos z diezisiete
años.

BIBLIOGRAFÍA

BIBLIOGRAFÍA

ACADEMIA ESPAÑOLA DE LA LENGUA, *Ortografía de la lengua castellana*, Madrid, 1754.

ALONSO, AMADO, *De la pronunciación medieval a la moderna en español*, Madrid, 1955.

— *Examen de las noticias de Nebrija sobre antigua pronunciación española*, en Nueva Revista de Filología Hispánica, III, 1949, págs. 1-82.

ALONSO, DÁMASO, *B = V, en la Península Hispánica*, en La fragmentación fonética peninsular, Enciclopedia Lingüística Hispánica, I-Suplemento, Madrid, C.S.I.C., 1962, págs. 155-209.

ALLEN, W. DISNEY, *Phonetics in Ancient India*, London, Oxford University Press, 1953.

ALLUÉ SALVADOR, M., *Vida y hechos de Nebrija*, en Revista Nacional de Educación, XLI, 1944, págs. 44-46.

ARISTÓTELES, *Poética*, ed. de V. García Yebra, Madrid, Gredos, 1974.

— *El arte poética*, Espasa-Calpe, Madrid, 1943. Véase también la ed. de Aguilar, Madrid, 1966.

ASENSIO, EUGENIO, *La lengua compañera del imperio. Historia de una idea de Nebrija en España y Portugal*, en Revista de Filología Española, XLIII, 1960, págs. 399-413.

ASÍS, E. A. DE, *Nebrija y la crítica contemporánea de su obra*, en Boletín de la Biblioteca de Menéndez Pelayo, XVII, 1935, págs. 30-45.

Audacis de Scavri et Paladii libris excerpta per interrogationem et responsionem, ed. Keil, VII, págs. 320-362.

BAHNER, WERNER, *La lingüística española del Siglo de Oro*, Madrid, 1966.

BALAGUER, J., *Las ideas de Nebrija acerca de la versificación castellana*, en Boletín del Instituto Caro y Cuervo, I, 1945, págs. 558-573.

BASSOLS DE CLIMENT, MARIANO, *Nebrija en Cataluña,* en *Miscelánea Nebrija,* Madrid, 1946, págs. 49-64.

BELLIDO, JOSÉ, *La patria de Nebrija. Noticia histórica,* Madrid, 1945.

BERMÚDEZ PLATA, C., *Las obras de Antonio de Nebrija en América,* en *Anuario de Estudios Americanos,* Sevilla, III, 1946, págs. 1029-1032.

BRÜCKE, ERNST, *Grundzüge der Physiologie und Systematik der Sprachlaute,* 2ª ed., 1876.

CALDERÓN Y TEJERO, ANTONIO, *La casa natal de Antonio de Nebrija,* en *Miscelánea Nebrija,* Madrid, 1946, págs. 1-10.

CASARES, JULIO, *Nebrija y la Gramática castellana,* en *Boletín de la Real Academia Española,* XXVI, 1947, págs. 335-367.

CLARKE, D. C., *Nebrija on Versification,* en *Publications of the Modern Language Association of America,* LXXII, 1957, págs. 27-42.

COLLART, JEAN, *Varron grammairien latin,* Paris, 1954.

COTARELO VALLEDOR, A., *Nebrija científico,* Madrid, 1947.

CUERVO, R. J., *Disquisiciones sobre antigua ortografía y pronunciación castellana,* en *Obras,* II, Bogotá, 1954.

CHARISSI, FLAVII SOSIPATRI, *Artis Grammaticae,* ed. Keil, I.

CHLUMSKÝ, J., *Analyse du Traité de Phonétique de M. Grammont. Paris, 1933,* en *Archives Néerlandaises de Phonétique Expérimentale,* XI, 1935, págs. 73-106.

DIOMEDES, *Artis Grammaticae,* ed. Keil, I.

DONATUS, *Ars Grammatica,* ed. Keil, IV$_2$.

DRERUP, ENGELBERT, *Die Schulaussprache des Griechischen von der Renaissance bis zur Gegenwart,* 2 vols., Verlag Ferdinand Schöningh Paderborn, 1930-1932. Reedición, N. York, 1968.

ERRANDONEA, IGNACIO, *¿Erasmo o Nebrija? Vicisitudes de la pronunciación del griego en las escuelas,* en *Miscelánea Nebrija,* Madrid, 1946, págs. 65-96.

ESCUDERO DE JUANA, B., *La "Ortografía" de Nebrija comparada con la de los siglos XV, XVI y XVII,* Madrid, 1923.

FERNÁNDEZ-SEVILLA, JULIO, *Un maestro preterido: Elio Antonio de Nebrija,* en *Boletín del Instituto Caro y Cuervo,* XXIX, 1974, págs. 1-33.

Gallego Morell, A., *Antonio de Nebrija en la imprenta grana-
dina de sus hijos,* en *Revista Bibliográfica y Documental,* I,
1947, págs. 213-232.

Gil, Luis y López Rueda, José, *Reuchlinianos y erasmistas en el
siglo XVI español,* en *Revista de la Universidad de Madrid,*
XVIII, 1969, págs. 151-178 [*Homenaje a Menéndez Pidal,*
vol. II].

Gili Gaya, Samuel, *Documentos relativos al "Arte" de Nebrija,*
Lérida, 1948.

González de la Calle, P. U., *Elio Antonio de Lebrija. Notas
para un bosquejo biográfico,* en *Boletín del Instituto Caro y
Cuervo,* I, 1945, págs. 114-115.

González Llubera, I., *Notas para la crítica del Nebrisense,* en
Bulletin of Spanish Studies, IV, 1927, págs. 89-92.

Gramática de la lengua vulgar de España. Edición facsimilar y
estudio de Rafael de Balbín y Antonio Roldán, Madrid, C. S.
I. C., 1966.

Grammont, M., *Traité de Phonétique,* Paris, 1960.

Guitarte, Guillermo, *Alcance y sentido de las opiniones de Val-
dés sobre Nebrija,* en *Estudios filológicos y lingüísticos. Homenaje a Angel Rosenblat en sus 70 años,* Caracas, Instituto
Pedagógico, 1974, págs. 247-253.

Hála, Bohuslav, *La sílaba: su naturaleza, su origen, sus transformaciones,* Madrid, CPh, 2ª ed., III, 1973, pág. 7.

Herrero Mayor, Avelino, *Esperanza y desesperanza del Nebrisense,* en *Contribución al estudio del español americano,* Bue-
nos Aires, 1965, págs. 41-46.

Jiménez Patón, Bartolomé, *Epítome de la Ortografía latina y
castellana. Instituciones de la Gramática española.* Estudio y
edición de Antonio Quilis y Juan M. Rozas, Madrid, C.S.
I.C., 1965.

Keil, H., *Grammatici Latini,* 7 vols., Leipzig, Teubner, 1857-
1878.

Kukenheim, L., *Contributions à l'histoire de la grammaire italienne, espagnole et française à l'époque de la Renaissance,*
Amsterdam, 1932.

— *Contributions à l'histoire de la grammaire grecque, latine et
hebraïque à l'époque de la Renaissance,* Leiden, 1951.

LEMUS Y RUBIO, P., *El maestro Antonio de Lebrija*, en *Revue Hispanique*, XXII, 1910, págs. 460-508 y XXIX, 1913, págs. 13-120.

M. G. B., *La casa de Nebrija en Salamanca*, en *Miscelánea Nebrija*, Madrid, 1946, págs. 16-40.

MADURELL, JOSÉ Mª., *Algunas ediciones de Nebrija, en Barcelona*, en *Miscelánea Nebrija*, Madrid, 1946, págs. 281-288.

MARÍN OCETE, ANTONIO, *Nebrija y Pedro Mártir de Anglería*, en *Miscelánea Nebrija*, 1946, págs. 160-174.

MARIUS VICTORINUS, *Ars Grammatica*, ed. Keil, VI.

MEIER, H., *Spanische Sprachbetrachtung und Geschichtschreibung am Ende des XV. Jahrhunderts*, en *Romanische Forschungen*, 1935, págs. 1-20.

MENÉNDEZ PIDAL, R., *Manual de Gramática histórica*, Madrid, 1958.

MUÑOZ, J. B., *Elogio de Antonio de Nebrija*, en *Memorias de la Real Academia de la Historia*, Madrid, III, 1796, págs. 1-30.

NEBRIJA, ANTONIO DE, *Gramática castellana*, ed. crítica de Pascual Galindo Romeo y Luis Ortiz Muñoz, 2 vols., Madrid, 1946.

NEBRIJA, *Gramática de la lengua castellana. Muestra de la Istoria de las antigüedades de España. Reglas de Orthographía en la Lengua castellana*, editadas con introducción y notas de Ig. González-Llubera, Oxford, 1926.

ODRIOZOLA, A., *La Caracola del bibliófilo nebrisense. Extracto seco de bibliografía de Nebrija en los siglos XV y XVI*, Madrid, 1947.

OLMEDO, FÉLIX G., *Nebrija en Salamanca (1475-1513)*, Madrid, 1944.

— *Humanistas y pedagogos españoles. Nebrija (1441-1522). Debelador de la barbarie. Comentador eclesiástico. Pedagogo. Poeta*, Madrid, 1942.

— *Nuevos datos y documentos sobre Nebrija*, en *Razón y Fe*, CXXVIII, 1943, págs. 121-135.

PRISCIANUS, *Institutionum Grammaticarum*, ed. Keil, II, III.

PROBUS, *Instituta Artium*, ed. Keil, IV$_1$.

QUINTILIANO, *Instituciones oratorias*, trad. de Ignacio Rodríguez y Pedro Sandier, Madrid, 1942.

RENON, L., *Terminologie grammaticale du sanskrit*, Paris, 1942.

Rivas Sacconi, José Manuel, *El latín en Colombia. Bosquejo histórico del humanismo colombiano.* Bogotá, Instituto Caro y Cuervo, 1949.

Rodríguez Aniceto, C., *Reformas del Arte de Antonio de Nebrija,* en *Homenaje a D. Miguel Artigas,* Santander, 1920,

Rosenblat, Ángel, *Las ideas ortográficas de Bello,* en *Andrés Bello: estudios gramaticales,* Caracas, 1951, págs. IX-CXXXVIII. págs. 226-245.

Sánchez Alonso, Benito, *Nebrija, historiador,* en *Miscelánea Nebrija,* Madrid, 1946, págs. 129-152.

Senior, J., *Dos notas sobre Nebrija,* en *Nueva Revista de Filología Hispánica,* XIII, 1959, págs. 83-88.

Sergius, *De littera, de syllaba, de pedibus, de acentibus, de distinctione,* ed. Keil, IV$_2$.

Simón Díaz, J., *La Universidad de Salamanca y la reforma del Arte de Nebrija, Aportación documental para la erudición española,* 8ª serie, 1951, págs. 1-7.

Straka, Georges, *La division des sons du langage en voyelles et consonnes peut-elle être justifiée?* en *Travaux de Linguistique et Littérature,* I, 1963, págs. 17-19.

— *Respiration et Phonation. Deux chapitres d'introduction phonétique à l'étude des langues,* en *Bulletin de la Faculté des Lettres de Strasbourg,* 35, 1957, págs. 397-429.

Suaña, Emeterio, *Elogio del Cardenal Cisneros, seguido de un estudio crítico-biográfico del maestro Elio Antonio de Nebrija,* Madrid, 1879.

Tate, R. B., *Nebrija the historian,* en *Bulletin of Hispanic Studies,* XXXIV, 1957, págs. 125-146.

Terentianus, *De litteris,* ed. Keil, VI.

Tollis, F., *L'ortographe du castillan d'après Villena et Nebrija,* en *Revista de Filología Española,* LIV, 1971, págs. 53-106.

Torre, Antonio de la, *La casa de Nebrija en Alcalá de Henares y la casa de la imprenta de la Biblia Políglota Complutense,* en *Miscelánea Nebrija,* Madrid, 1946, págs. 175-182.

Villalón, *Gramática castellana* por el Licenciado ... Edición facsimilar y estudio de Constantino García, Madrid, C.S. I.C., 1971.

Villena, Enrique de, *Arte de trovar,* edición, prólogo y notas de F. J. Sánchez Cantón, Madrid, 1923.

Väänänen, Veikko, *Introduction au latin vulgaire,* Paris, 1963.

ÍNDICE

EDICIÓN

EDICIÓN FACSIMILAR

EN LA IMPRENTA PATRIÓTICA DEL INS-
TITUTO CARO Y CUERVO, EN YERBABUE-
NA, ACABÓSE DE IMPRIMIR ESTE LIBRO
A LOS DOCE DÍAS DEL MES DE MAYO
DEL AÑO DEL NACIMIENTO DE NUESTRO
SALVADOR JESUCRISTO DE MIL NOVE-
CIENTOS SETENTA Y SIETE, AL CUMPLIRSE
LOS CUATROCIENTOS SESENTA AÑOS DE
HABER APARECIDO LA EDICIÓN PRÍNCIPE.

LAVS DEO